Dagmar von Cramm

Kochen für **Kleinkinder**

Alles Wichtige über die richtige Ernährung der Kleinen – vom Krabbel- bis zum Vorschulalter

Weltbild

Adressen, die weiterhelfen

AID
Verbraucher-Aufklärung e.V.
Konstantinstr. 124
53179 Bonn

Allergiker- und
Asthmatikerbund e.V.
Hindenburgstr. 110
41061 Mönchengladbach

Arbeitsgemeinschaft der
Verbraucherverbände e.V.
Heilsbachstr. 20
53123 Bonn

Bundesverband
Neurodermitiskranker
Sckellstr. 39
56154 Roppard 1

Prof. Dr. med. Ernst-
August Stemmann
Städt. Kinderklinik
Gelsenkirchen
Westerholter Straße 142
45892 Gelsenkirchen

Gasherd-Temperatur

Die Temperaturstufen bei Gasherden variieren von Hersteller zu Hersteller. Welche Stufe Ihres Herdes der jeweils angegebenen Elektroherd-Temperatur entspricht, entnehmen Sie bitte der Gebrauchsanweisung.

Abkürzungen

TL = Teelöffel

EL = Eßlöffel

Msp. = Messerspitze

kJ = Kilojoules

kcal = Kilokalorien

EW = Eiweiß

F = Fett

KH = Kohlenhydrate

Impressum

Genehmigte Lizenzausgabe für Verlagsgruppe Weltbild GmbH, Steinerne Furt, 86167 Augsburg

Redaktion: Christine Wehling
Lektorat: Adelheid Schmidt-Thomé
Layout, Typographie, Graphik: Heinz Kraxenberger
Rezeptfotos und S. 1, 2/3, 4, 9, 34, 38, 40, 54: Reiner Schmitz
Kinderfoto: S. Reinichs
Fotos S. 20, 30: Fotostudio Teubner
Umschlaggestaltung: Atelier Lehmacher, Friedberg (Bay.)
Umschlagmotiv: Getty Images
Gesamtherstellung: Offizin Andersen Nexö Leipzig GmbH, Spenglerallee 26–30, 04442 Zwenkau
Printed in Germany
ISBN 3-8289-1230-3

2009 2008 2007 2006
Die letzte Jahreszahl gibt die aktuelle Lizenzausgabe an.

Autoren

Dagmar Freifrau von Cramm
studierte Ökotrophologie und setzte nach dem Studium die Theorie der Ernährung in die Praxis des Kochens um. Sie war als Redakteurin bei einer großen Münchner Kochzeitschrift tätig. Seit 1984 arbeitet sie als freie Fachjournalistin für Ernährung und ist inzwischen Mutter von drei Söhnen. Seit 1986 ist sie freie Mitarbeiterin der Zeitschrift »Eltern«, seit 1995 Präsidiumsmitglied der Deutschen Gesellschaft für Ernährung (DGE). In der Versuchsküche: Ursula Block.

Reiner Schmitz
begann seine berufliche Laufbahn in Düsseldorf und München als Assistent bei verschiedenen Food- und Stillife-Fotografen. 1989 machte er sich als Foto-Designer in diesen Spezialgebieten selbständig. Die Fotos dieses Buches entstanden in Zusammenarbeit mit dem Koch und Foodstylisten Rudolf Vornehm.

Sigrid Reinichs
sammelte nach ihrem Fotodesign-Studium in München erste Berufserfahrungen als freie Fotoassistentin in den Bereichen People, Stils, Mode und Schönheit. Heute veröffentlicht sie ihre Fotos in Büchern, Magazinen und Illustrierten.

Kochen für Kleinkinder

Rezept-Wegweiser 2

Überblick über die Rezepte des Buches mit ihren wichtigsten Eigenschaften.

Gesund ernährt vom 1. bis zum 7. Jahr 4

Alles Wissenswerte über die gesunde Ernährung von Kindern.
Das richtige Gewicht 5
Die Nahrungsbausteine 6
Was, wann, wieviel? 10

Der gesunde Start 12

Rezepte für Frühstück und Brotzeit.
Außerdem:
Über das gemeinsame Essen im Kindergarten 13

Essen mit der Familie 20

Sättigendes fürs Mittag- oder Abendessen.
Außerdem:
Machtkämpfe bei Tisch 20
Infos über gesundes Kochen für die Familie 21

Kinderfeste: Spielend essen lernen 38

Kuchenrezepte für Feste und zum Mitnehmen in den Kindergarten.
Außerdem:
Kinder brauchen Riten 38
Wer kann wann was? 39
Die Augen essen mit 40
Spaghetti, Pommes, Fast Food 40
Einflußfaktoren (Grafik) 41

Kleine und große Probleme 50

Rezepte ohne Milch und Ei, für Diät- und Aufbaukost.
Außerdem:
Zu Problemen rund ums Essen:
Die Flasche und Süßigkeiten 50
Trinken und Bettnässen 51
»Fresser« und Suppenkasper 52
Nahrungsmittelunverträglichkeiten und Krankheiten 53

Rezept- und Sachregister 62

Rezept	Seite	Kalorien/Portion	Für Mollige	Für Dünne	Ohne Milch und Ei	Vegetarisch	Schnell	Preiswert	Gut vorzubereiten	Gelingt le
Knuspermüsli	14	170	●			●	●		●	●
Flockenmüsli	14	315				●	●	●		●
Frühstücksgrütze	15	155		●		●		●		●
Häppchen mit Obst	15	175			●	●	●			●
Zebrabrot	16	160				●	●	●	●	
Käsemöhre	16	45				●	●	●	●	
Brot am Spieß	16	330		●					●	
Minzlimo	16	155	●		●	●	●			●
Kerniger Obstsalat	18	395	●			●	●		●	●
Kraftschnitten	18	20		●	●	●			●	
Rübli-Apfel-Kuchen	19	115		●		●		●	●	●
Süßer Dippquark	19	310				●	●		●	●
Tomatensuppe	22	115				●	●	●		
Kartoffelsuppe	22	465		●		●				●
Gemüsebouillon	23	110	●		●	●			●	●
Flädle-Rüblisuppe	23	355				●	●	●	●	
Zwergenschnitzel	24	210		●	●		●			●
Spieße Kunterbunt	25	190	●		●				●	●
Zucchini-Kartoffelpuffer	26	385		●		●		●		●
Tigerkartoffeln	26	150				●		●	●	
Sahniges Kartoffelpüree	28	250				●		●		●
Hirsespätzle	28	365		●		●		●		
Frische Tomatensauce	29	110		●	●	●		●		●
Cremige Erbsensauce	29	160		●		●	●	●		●
Zucchinilasagne	30	675		●		●			●	●
Polentagratin	30	455				●			●	●

Rezept	Seite	Kalorien/Portion	Für Mollige	Für Dünne	Ohne Milch und Ei	Vegetarisch	Schnell	Preiswert	Gut vorzubereiten	Gelingt leicht
Gebratener Reis	32	370	●		●	●				●
Putengeschnetzeltes mit Möhren	33	260		●			●	●		●
Obstauflauf	34	360				●	●	●		
Apfelpfannkuchen	34	460				●	●	●		●
Quarkplätzchen mit Pflaumenmus	36	445		●		●		●		●
Quarknockerln mit Kirschsauce	37	605	●			●		●		●
Früchtefondue	42	455				●			●	●
Apfel mit Häubchen	43	365				●			●	●
Süße Minipizzen	44	285	●			●			●	●
Spaghettitörtchen	45	340			●	●		●	●	
Geburtstagstorte	46	295		●		●			●	
Kuchen zum Sattessen	46	470	●			●			●	●
Fruchtiger Apfelkuchen	48	20			●	●			●	
Himbeertorteletts	48	265			●	●			●	●
Polenta	56	465			●	●			●	
Tomatenreis	56	475			●					●
M-M-Sauce	57	190			●	●	●	●		●
Wokgemüse	57	400			●	●				●
Tee	58	230				●	●		●	●
Apfel mit Kartoffelschnee	58	215				●		●		●
Porridge	59	25			●	●	●	●		●
Kartoffel-Möhren-Suppe	59	95			●	●		●	●	●
Fruchteiscreme	60	130		●		●		●	●	●
Joghurt-Obstspeise	60	285		●		●	●			●
Kraft-Salat	60	370		●		●	●	●		●
Himbeermix	60	190	●			●	●			●

Wegweiser

Gesund ernährt vom 1. bis zum 7. Jahr

Kaum zu fassen: Mit dem 1. Geburtstag ist aus Ihrem Baby ein Kleinkind geworden. Das ist natürlich kein Blitzprozeß, sondern eine Entwicklung, die bis zum 6., spätestens 7. Lebensjahr dauert – bis aus Ihrem Klein- ein Schulkind geworden ist. In dieser Phase ändert sich viel.

- Die inneren Organe sind ausgereift; das Kind verkraftet das gemeinsame Essen – wenn auch nicht jede Erwachsenenkost.
- Das Kind wird mit den Keimen zu Hause fertig. Sterilisieren ist unnötig, Haushaltshygiene, sprich Händewaschen, reicht.
- Die Zähnchen kommen! Nach den Schneide- sind jetzt die Backenzähne dran: Ihr Kind kann abbeißen und kauen! Der Verlust der Milchzähne beendet die Kleinkindzeit.
- Das Saugen zur Nahrungsaufnahme wird ersetzt durch selbständiges Trinken aus der Tasse und Essen mit dem Löffel. Die Einschlafflasche sollte den Zähnen zuliebe bis gegen Ende des 2. Jahres verschwinden.
- Mit mehr Selbständigkeit wächst auch der eigene Geschmack samt Abneigungen und Vorlieben. Der Speiseplan wird abwechslungsreicher – das ist gut so.

Spätestens mit 6 Jahren wird Ihr Kind völlig selbständig essen, Wünsche äußern, eigene Gewohnheiten haben – kurz, ein volles Mitglied am Familientisch sein.
All das zeigt: Nicht mehr die organische, sondern die soziale Entwicklung steht im Mittelpunkt. Jetzt prägen sich die Ernährungsgewohnheiten.

Essen unsere Kinder gesund?

Bei den ganz Kleinen ist die Welt noch in Ordnung – solange Mutter bestimmt, was auf den Teller kommt. Allerdings: Etwa 20 % unserer Kleinkinder sind übergewichtig, etwa 10 % haben Untergewicht. Je älter die Kinder, desto ungesünder leben sie. So zeichnet sich schon bei den 4-6jährigen der ungesunde Trend der Schulkinder ab.

- Die Hälfte der Kohlenhydrate, also ein Viertel der täglichen Kalorien, wird in Form von wertarmen Lebensmitteln wie Zucker und Weißmehl gegessen.
- Fertigprodukte ersetzen in zunehmendem Maße Selbstgekochtes, es wird viel zwischendurch gegessen. Folge: Weniger Ballaststoffe und Vitamine, mehr wertarmes Fett, Eiweiß, Zusatzstoffe, Phosphate und Salz werden aufgenommen.
- Die Kinder ab 4 trinken zu wenig Milch, statt dessen Säfte und Limo. Folge: zu wenig Calcium für Knochen und Zähne.
- Ballaststoffe essen die Kleinen zu wenig, denn: Kauen macht Arbeit.
- Die empfindlichen Vitamine der B-Gruppe kommen häufig zu kurz, wenn zu wenig Vollkorn, Gemüse und Milchprodukte gegessen werden.
- Bei Jod, Fluor, Zink ist die Versorgung ebenfalls schlecht. Andererseits ist das Essen zu salzig und zu fett (Seite 6).

Fazit: Schwere Fehler sind selten. Aber jetzt werden die Grundlagen zu späteren Ernährungsgewohnheiten gelegt. Außerdem möchten wir unsere Kinder nicht nur vor Mangel schützen, sondern sie ganz optimal versorgen.

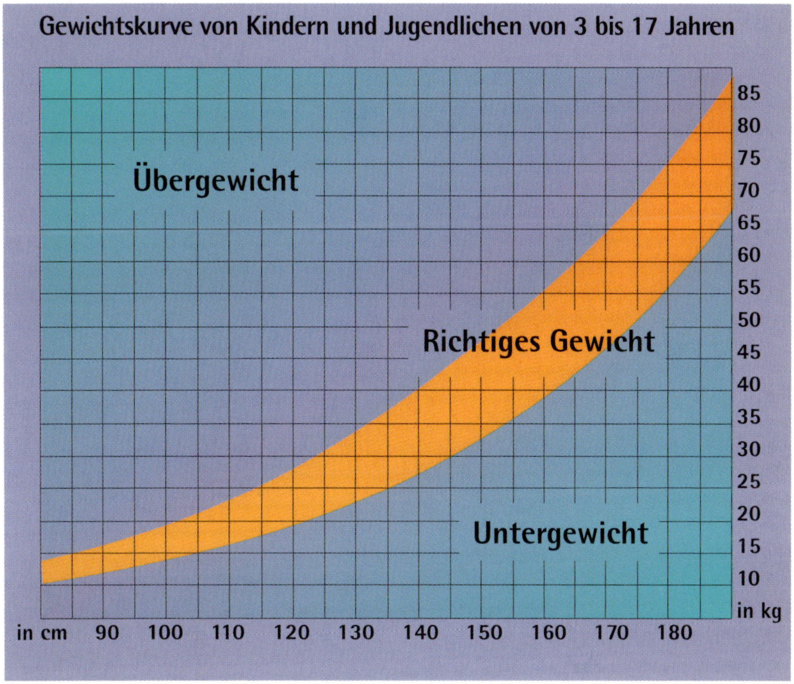

Hat Ihr Kind das richtige Gewicht?

Maß für die richtige Versorgung Ihres Kindes ist sein Gewicht. Doch der jüngste Ernährungsbericht 1989 ergab: Mutterliebe macht oft blind. Übergewicht wurde vom Großteil der Mütter nicht erkannt – vielleicht als Babyspeck übersehen. Bei Untergewicht wußten die Mütter dagegen Bescheid. Die **Grafik oben** gibt einen groben Anhaltspunkt für das richtige Gewicht: Es sollte innerhalb der Kurve liegen.

Doch so schnurgerade verläuft die Kurve natürlich nicht, denn ein Kind wächst nicht gleichmäßig – es schießt zwischendurch immer wieder in die Höhe und wird dabei dünner. Dann runden sich wieder die Formen bis zum nächsten Schub. Und gerade das Kleinkind ändert stark seine Gestalt: Der noch babyhafte 3jährige hat völlig andere Proportionen als ein 5-7jähriger, der in der ersten Streckung ist.

Die Nahrungsbausteine

Die Energie, die die Nahrung unserem Körper liefert, wird in Kilojoule bzw. Kilokalorie gemessen (1 kcal = 4,184 kJ). Je nach Alter und körperlicher Aktivität ist der Bedarf sehr unterschiedlich. Kleinkinder liegen in ihrem relativen Bedarf, also den Kalorien pro Kilo Körpergewicht, an der Spitze. Sie brauchen die Energie nicht nur, um den Körper zu erhalten, sie müssen ja noch kräftig wachsen. Außerdem verbraucht ihr Wärmehaushalt besonders viel Kalorien, denn ihre Körperoberfläche ist relativ größer als beim Erwachsenen. Zudem sind kleine Kinder ständig in Bewegung – das kostet zusätzlich Energie (allerdings auch die der Mutter...). Natürlich gibt es große Schwankungen – je nach Temperament des Kindes. Deshalb bitte keine Panik, wenn Ihr Kind tagelang hungert oder futtert wie ein Scheunendrescher – Kinder lieben die Extreme, und in der Regel gleicht sich das wieder aus.
Die Kalorien, die wir mit dem Essen zu uns nehmen, verteilen sich auf Fett, Eiweiß und Kohlenhydrate. Wieviel und in welchen Lebensmitteln Ihr Kind davon bekommt, ist für seine Ernährung entscheidend.

Eiweiß

Es liefert etwa 4 Kalorien pro Gramm und besteht aus Aminosäuren, von denen acht »essentiell« sind, also regelmäßig zugeführt werden müssen. Die Aminosäuren sind Bausteine der Zellen, Träger der Erbinformation und Bestandteil des Abwehrsystems. Kinder haben durch ihr Wachstum und ihre schnelle Zellerneuerung einen besonders hohen Eiweißbedarf. 12-15 % der täglichen Kalorien sollten Kleinkinder als Eiweiß erhalten. In der Regel ist es mehr, und so ein Eiweißüberschuß wird zur Energiegewinnung genutzt – der ist für den Körper unrentabel. Die Hälfte sollte aus tierischen Produkten wie Milch und Milchprodukten, Fisch, Ei und Fleisch stammen, die andere Hälfte aus pflanzlichen Quellen wie Vollkorngetreide, Kartoffeln, Nüssen und Hülsenfrüchten. Erst durch diese Kombination ist die biologische Wertigkeit (die Verwertbarkeit des Eiweiß durch den Körper) besonders hoch.

Fett

Fett macht satt, denn 1 g liefert doppelt soviel Kalorien wie Eiweiß und Kohlenhydrate, nämlich 9! Gleichzeitig ist es Träger der fettlöslichen Vitamine A, D, K und E, Bestandteil der Zellwände und Grundsubstanz für Hormone. Weil Kleinkinder einen hohen Energiebedarf, aber einen kleinen Magen haben, darf die Nahrung kalorien-, also fettreicher sein als beim Erwachsenen: 35 % der täglichen Energie darf aus Fett bestehen. Aber Vorsicht: Bei entsprechender Veranlagung können schon Kleinkinder einen erhöhten Cholesterinspiegel bekommen. Bei familiärer Veranlagung kann zuviel Fett (v.a. tierisches) zu Arteriosklerose führen. Unentbehrlich sind die mehrfach ungesättigten Fettsäuren in pflanzlichen Fetten wie nicht raffinierte Öle, ungehärtete Margarine, Nüsse und

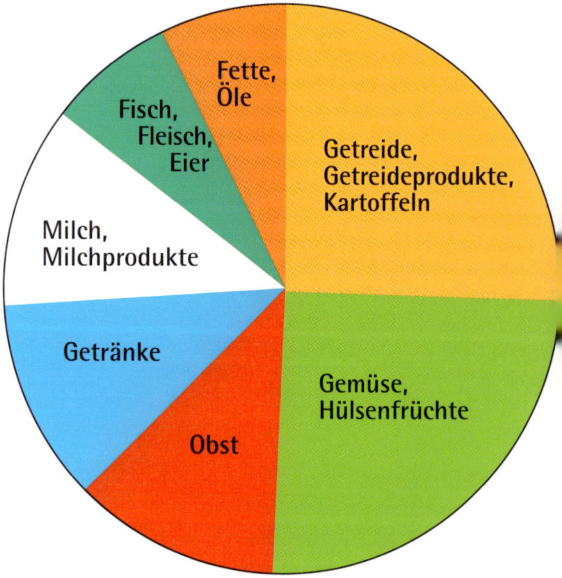

So sollte die Verteilung der Lebensmittel auf dem Speisezettel aussehen: viel Gemüse, Getreide und Obst, wenig Fleisch, Ei, noch weniger Fett, ausreichend Milchprodukte.

Samen. Das Fett in Meeresfischen schützt ebenfalls vor einem erhöhten Cholesterinspiegel. Hier also nicht sparen. Auch Butter hat durch ihren Anteil an Vitamin A und D und ihre leichte Verdaulichkeit einen hohen Gesundheitswert. Einschränken sollten Sie versteckte, eher minderwertige Fette in Wurst, Fleisch, Fertiggerichten, Backwaren und Süßigkeiten. Wenn das schwerfällt, können Sie Ihrem Kind Milch und Milchprodukte mit einem Fettgehalt von 1,5 % geben – allerdings sollten Sie auf typische kalorienreduzierte Kost verzichten. Denn die ist stark bearbeitet und enthält meist Zusatzstoffe.

Kohlenhydrate

Sie sollten mit 50–53 % der Gesamtkalorien Energielieferant Nr. 1 sein. 1 g Kohlenhydrate hat wohl nur 4 Kalorien, die aber für den Körper besonders schnell verfügbar sind – für unsere Kleinen wichtig. Außerdem sind kohlenhydratreiche Lebensmittel Träger der meisten Vitamine (C, B-Gruppe), Mineral- und Ballaststoffe: Vollkorn, Obst, Gemüse und Kartoffeln. Das sind die wertvollen Kohlenhydrate. Die »leeren« sind in Zucker, Süßigkeiten, reinen Stärke- und Weißmehlbackwaren, Fruchtsaftgetränken und Limos enthalten. Leer, weil sie außer Kalorien nichts zu bieten haben. Unsere Kinder decken ein Viertel ihres Energiebedarfs mit diesen schlappen Sachen! Zu kurz kommen wertvolle Nährstoffe, die gerade im Wachstum eine große Rolle spielen.

Flüssigkeit ist lebensnotwendig

Je jünger ein Kind, desto relativ mehr Flüssigkeit braucht es, denn sein Körper ist einerseits wasserreicher als der eines Erwachsenen, andererseits verliert er über seine relativ größere Oberfläche mehr Flüssigkeit. Außerdem können seine Nieren noch nicht soviel Wasser zurückfiltern. Ist es gar krank, wird die Gefahr des Austrocknens besonders groß. Während die Kost des Babys vorwiegend flüssig ist, wird die Ernährung des Kleinkindes zunehmend fester – und trockener. Andererseits gibt es auch in diesem Alter noch Kinder, die ständig aus der Babyflasche trinken und durch die hohe Flüssigkeitszufuhr wiederum ihre Nieren reizen, weil diese ihre Filterleistung ungeheuer erhöhen müssen. Auch süße Getränke können über die Maßen durstig machen. Doch wenn Ihr Kind aus dem Becher ungesüßten Tee oder Wasser trinkt, wird es sei nem Bedarf entsprechend den Durst löschen. Nur beim Spielen gerät Trinken manchmal in Vergessenheit – dann dürfen Sie es zwischendurch gerne anbieten. Und Trinken beim Essen verdünnt zwar etwas die Verdauungssäfte, dafür läßt es trockenes Essen besser rutschen. Verbieten Sie also nicht das Glas Wasser bei Tisch (siehe auch Seite 51).

Ihr Kind sollte viel trinken, am besten ungesüßten Tee oder Wasser. Spornen Sie es möglichst früh an, aus dem Glas und nicht mehr aus der Flasche zu trinken.

Ballaststoffe besorgen den »Hausputz«

Obst, Gemüse und Getreide enthalten Substanzen, die von unserem Verdauungssystem nicht verwertet werden können. Diese quellen im Darm, binden Giftstoffe und regen die Darmtätigkeit an. Obst, speziell Beeren, Getreideflocken, Vollkorngebäck, Nüsse, Trockenobst und rohes Knabbergemüse mögen schon die Kleinen, eingeweichtes Frischkorn und Hülsenfrüchte sollten erst gegen Ende des 2. Lebensjahres eingeführt werden. Fein vermahlenes Vollkornbrot, täglich Obst und Gemüse sind für seine gesunde Verdauung und Darmflora wichtig. Und: genug Flüssigkeit zum Quellen!

Viel frisches Obst und Gemüse gehören auf den Speiseplan (von Groß und Klein).

Zündende Wirkung: Vitamine

Sie greifen in alle Stoffwechselvorgänge ein, aber unser Körper kann sie nicht selber bilden. Wir sind auf eine ausreichende Versorgung durch die Nahrung angewiesen. Und da beim Kleinkind der Stoffwechsel auf Hochtouren läuft, fällt ein Mangel schwer ins Gewicht. Die fettlöslichen Vitamine A, D, K und E kann der Körper speichern. Die wasserlöslichen B-Vitamine und Vitamin C müssen ständig getankt werden.
Bei einer gesunden Mischkost bekommt Ihr Kind sicher genug Vitamine. Allerdings nur bei schonender Zubereitung der Gerichte (Seite 21), denn Vitamine sind empfindlich. Ob hohe Dosierungen in Präparaten einen positiven Effekt haben, ist noch nicht bekannt. Sicher aber verführen sie zu gedankenlosem Essen und gewöhnen an ständigen »Medizin«konsum. Außerdem stehen alle Stoffe in unserem Verdauungssystem in Wechselwirkung zueinander. Wie sich die isolierte Gabe einzelner Substanzen auswirkt, ist noch zu wenig bekannt. Hier die Vitamine, deren Zufuhr eventuell knapp ist:

- Vitamin A (Beta-Karotin) ist für gesunde Augen und Zellwände wichtig. Wenn viel Möhren, Broccoli und Spinat, mit etwas Fett zubereitet, auf den Tisch kommen und reichlich Käse gegessen wird, kommt Ihr Kind nicht zu kurz.
- Vitamin D ist für die Knochenbildung unentbehrlich, wird in unserer Haut unter Lichteinwirkung gebildet und kommt deshalb im Winter etwas zu kurz. Wer im Süden Winterferien macht, hat keine Probleme. Sonst viel Seefisch essen – und mit dem Kinderarzt über ein Vitamin D-Präparat sprechen.
- B-Vitamine spielen im Eiweiß-, Fett- und Kohlenhydratstoffwechsel eine Schlüsselrolle. Ein Mangel führt zu Wachstumsverzögerungen, Müdigkeit oder auch Reizbarkeit. Wenn Ihr Kind viel Vollkorn, Milchprodukte und Gemüse ißt, bekommt es sicher genug B-Vitamine. Doch je mehr die Ernährung Richtung Weißmehl/Zucker geht und je weniger Rohes gegessen wird, desto kritischer wird die Versor-

gung mit dieser Vitamin-Gruppe.

• Vitamin C ist so reichlich in Gemüse, Kartoffeln, Obst und Fruchtsäften enthalten, daß kaum ein Kind zu kurz kommt. Auch hier gilt: Möglichst viel Rohkost – bei Obst kein Problem.

Mineralstoffe regulieren und bauen auf

...und zwar Knochen, Zähne, Haare, Haut, Blut und Gewebsflüssigkeit. Und da der kindliche Körper ständig wächst, ist der Bedarf relativ hoch. Die Mineralbestände im Körper sind auch der Pool, aus dem ständig ein bestimmter Mineralpegel im Blut gehalten wird – für Stoffwechselfunktionen.

Auch für Mineralstoffe gilt: bitte keine Pillen – viel Milch, Vollkorn und Gemüse tun's auch.

Wichtig: Mineralstoffe sind hitzestabil, können aber mit viel Kochwasser ausgeschwemmt werden.

Auch bei Mineralstoffen gibt's einige Engpässe:

• Calcium für gesunde Knochen und Zähne, Herz- und Muskeltätigkeit und Blutgerinnung ist in der heutigen Kinderkost oft knapp. Zu wenig Calcium kann im Alter zu Osteoporose führen. Also: 300 ml Milch pro Tag und häufig eine Scheibe Schnittkäse.

• Eisen ist im Blut für den Sauerstofftransport zuständig. Zu wenig macht Kinder matt. Ab und zu 80 g mageres Muskelfleisch reichen zur Versorgung aus. Vegetarier sollten Vollkorn (vor allem Quinoa, Hirse und Weizenkeime) mit Vitamin C-reichem Gemüse oder Obstsäften kombinieren: So wird das Eisen besser ausgenützt. Auch tierisches Eiweiß, z.B. in Milchprodukten, verbessert die Ausnützung.

• Zink spielt bei zentralen Stoffwechselprozessen eine große Rolle: viel Vollkorn, mageres Rindfleisch, Hartkäse und grüne Erbsen essen!

• Fluor ist in unserem Trinkwasser nicht ausreichend vorhanden. Hier sollte in Absprache mit dem Kinderarzt ein Präparat verabreicht werden. Die Dosierung erfolgt entsprechend dem Fluorgehalt des Trinkwassers.

• Jod ist Bestandteil des Schilddrüsenhormons. Zu wenig führt zum Kropf. Nur mit Jodsalz zu würzen reicht oft nicht aus. Versuchen Sie mit Jodsalz zubereitetes Brot zu bekommen und essen Sie mindestens einmal pro Woche Seefisch. Doch es gibt auch ein Zuviel:

• Natrium-Chlorid, zu deutsch Speisesalz, bekommen unsere Kinder zuviel! Salzen Sie sparsam, schließen Sie den Salzstreuer weg, versuchen Sie salzarme Käse- und Wurstsorten auf den Tisch zu bringen und trinken Sie natriumarmes Mineralwasser. Meiden Sie Tütensaucen und -suppen und Fertiggerichte aus der Dose.

• Phosphor ist am Stoffwechsel beteiligt und am Knochenaufbau. Da Phosphat in Fertiggerichten, Wurst und Käsezubereitungen eingesetzt wird, bekommen unsere Kinder zuviel. Das aber bremst die Calciumaufnahme. Phosphorreiche Lebensmittel also einschränken!

Bioaktive Substanzen

Sie werden auch als gesundmachende Stoffe bezeichnet. Es sind Substanzen, die nicht lebensnotwendig sind, aber die Widerstandskräfte stärken, vor Entzündungen schützen und eine vorbeugende Wirkung gegen Arteriosklerose und Krebs haben. Sie sind vor allem in der Schale von Obst und Gemüse enthalten, denn auch dort erfüllen sie Schutzfunktionen. Wenn Sie Ihr Kind an reichlich Obst und Gemüse gewöhnen, ist das sicher die beste Vorbeugung gegen Belastungen aus der Umwelt.

Obst, Gemüse und Getreideprodukte (möglichst aus dem vollen Korn) liefern dem Körper nahezu alles, was er braucht.

Kinder sind keine kleinen Erwachsenen!

Das sollten wir bedenken:
- Kinder haben weniger Kraft, Ausdauer und Geduld als Erwachsene. Ihr Mund, ihr Magen und ihre Zähnchen sind kleiner. Sie können noch nicht so schnell kauen.
- Ihre Bewegungen sind ungeübt und langsamer.
- Sie müssen im Verhältnis zu ihrem kleinen Körper viel mehr essen als wir Großen, ihr Hunger und Durst sind größer.
- Ihr Geschmacksempfinden ist viel feiner und empfindlicher: Harte Krusten, scharfe Gewürze, zuviel Salz sind nichts für Kleinkinder.

Was, wann, wieviel ?

Milligramm-Angaben für Vitamine und Mineralstoffe helfen Ihnen beim Speisezettel nicht weiter: Was und wieviel die Kinder in natura brauchen ist wichtig!
Die richtigen Produkte aus der Lebensmittelflut zu greifen, ist nicht so einfach. Hier einige Tips: Kaufen Sie möglichst viel im Bioladen oder Reformhaus. Die Rückstände in den Lebensmitteln sind geringer, und Sie leisten zugunsten Ihrer Kinder einen kleinen Beitrag zu einer gesünderen Umwelt. Achten Sie darauf, daß die Lebensmittel möglichst wenig bearbeitet sind – das schont auch Ihren Geldbeutel.

Milch versorgt Ihr Kind mit Calcium. Pasteurisierte Frischmilch mit 3,5 % Fettgehalt ist ideal. Liebt Ihr Kind fette Brotaufstriche, Fleisch und Käse, sollten Sie 1,5 % Fettgehalt bei Milch und Milchprodukten bevorzugen, um tierisches Fett einzusparen. H-Milch ist länger erhitzt als pasteurisierte Milch – das wirkt sich auf Geschmack und Vitamingehalt aus, deshalb ist sie nur als Reserve zu empfehlen. Kakao oder Milchmix sind eine (allerdings zuckerreiche) Alternative. Auch Sauermilcherzeugnisse von Joghurt über Dickmilch bis Kefir mögen selbst Milchmuffel gerne. Achten Sie auf einen Fettgehalt von 1,5 bis 3,5 %, und schmecken Sie selber mit Fruchtaufstrich, Kompott oder Honig ab! Quark ist als Milchersatz in Sache Calcium zu eiweißreich, als Brotaufstrich aber empfehlenswert. Rühren Sie ihn mit Wasser und etwas Kaltpreßöl cremig. Käse kann als Calciumquelle Milch ersetzen, wenn Sie einen Schnittkäse mit reduziertem Salz- und Fettgehalt wählen – 50 g decken den Calciumbedarf Ihres Kindes. Camembert und Edelpilzkäse (bitte entrinden!) sind reich an B-Vitaminen und gesünder als Frischkäsezubereitungen mit

Gemeinsam schmeckt es auch Kindern gleich doppelt so gut! Wenn Ihr Kind ein schlechter Esser ist, kann das Vorbild eines Freundes (einer Freundin) Wunder wirken.

vielen Zusatzstoffen. Schmelzkäse hat zuviel Salz und Phosphat, um kindgerecht zu sein.

Eier enthalten viele Vitamine und Mineralstoffe, ihr Eiweiß ist in Kombination mit Kartoffeln besonders hochwertig. Eier in Pfannkuchen, Puffern und Kuchen decken bereits den »Eibedarf«.

Fleisch ist als Eiweißlieferant ersetzbar. Doch für den Eisenhaushalt ist es fast unentbehrlich: 50 g mageres Fleisch pro Tag decken den Bedarf. Innereien sind wohl besonders mineralstoffreich, sie können aber auch Rückstände enthalten – für Kleinkinder also noch nicht geeignet. Gepökelte Wurstwaren sind bei Kleinkindern beliebt – gehen Sie trotzdem sparsam damit um und erhitzen Sie sie nicht zu stark. Wegen der Diskussionen und Unsicherheiten zum Thema Fleisch (BSE, EHEC-Bakterien) empfehle ich, Fleisch aus ökologischen Betrieben zu bevorzugen. Für Informationen können Sie sich an Ihre örtlichen Verbraucherzentralen (Seite 62) wenden.

Fette sollten Sie sparen, wenn sie in Käse, Wurst,

Gesunde Zähne müssen etwas zu beißen haben. Knackiges Obst und Gemüse und Brot mit Rinde fördern das Wachstum der Zähne.

Süßem versteckt sind. Wichtig sind Butter oder ungehärtete Margarine als Brotaufstrich und zum Dünsten, Kaltpreßöle für Salate und ungehärtetes Kokosfett oder Butterschmalz fürs Braten.

Vollkornbrot, und zwar fein vermahlen, saftig und mit Jodsalz gebacken, sollte täglich auf den Tisch kommen. Noch wertvoller ist Vollkorn im Müsli. Aber erst ab 3 bis 4 Jahren Frischkorn, also rohes, eingeweichtes Getreide, geben – vorher sind Flocken, am besten frisch selber »geflockt«, oder Grützen ideal. Auch Nudeln gibt's aus Vollkorn (bei Hirse fällt es gar nicht auf). Als Beilage schmecken auch Körner pur – von Reis über Mais, Quinoa bis Hirse. Natürlich als volles Korn!

Gemüse & Obst haben von allen Lebensmitteln die höchste Nährstoffdichte, also am meisten Vitamine, Minerale und andere wertvolle Nährstoffe pro Kalorie. Süße, saftige Früchte essen Kinder meist gerne. In jedem Fall waschen und, wenn möglich, abreiben. Gemüse ist ein Kapitel für sich: Ausgeprägter Geschmack und Struktur machen es oft zum Zankapfel. Bevorzugen Sie milde Arten, pürieren Sie sie in Suppen und Saucen. Wechseln Sie ab – tiefgefrorenes Gemüse hält den Aufwand in Grenzen: Sie können Portionen entnehmen, der Vitamingehalt übertrifft oft die Frischware.

Viele Kinder mögen rohes Knabbergemüse lieber als gekochtes. Geben Sie nie auf – irgendwann kommt auch Ihr Kind auf den Geschmack!

Kartoffeln sind in der Kinderernährung wichtiger als Nudeln und Reis, wegen ihrer hohen Nährwertdichte: am besten 4mal pro Woche!

Getränke sind wichtig. Wasser ist der beste Durstlöscher: Es ist reich an Mineralstoffen wie Fluor und Jod, hat keine Kalorien und löscht am besten den Durst. Entweder kaufen Sie Mineralwasser oder Sie entnehmen das Wasser der Leitung – vorher kurz laufen lassen. Milde Früchtetees, möglichst ungesüßt, sind heiß oder kalt eine gute Alternative, notfalls mit Apfelsaft oder Honig gesüßt.
Milch und reine Säfte sind gesunde, aber kalorienhaltige Zwischenmahlzeiten und als reine Durstlöscher ungeeignet. Verdünnen Sie Fruchtsaft mit Mineralwasser im Verhältnis 1:1. Streichen sollten Sie Limos, Cola, Nektar und Fruchtsaftgetränke.

Der gesunde Start

Morgens ist die Welt nicht immer in Ordnung: Was kommt nach der Morgenflasche im Bett? Wenn Sie nicht früh aus dem Haus müssen, kein Problem. Dann können Sie sich Zeit nehmen und mit Ihrem Kind gemeinsam frühstücken. Aber wenn Sie in Eile sind, vielleicht Schulkinder wegbringen müssen, einen Job haben oder der Kindergarten feste Ankunftszeiten vorgibt, kann das Ihrem Kind den Appetit verderben.

- Decken Sie schon am Vorabend den Tisch und bereiten Sie möglichst viel vor – von der Kleidung bis zu Ihrer Tasche.
- Mit einer unserer Müslimischungen geht's morgens besonders schnell – und Ihr Kind hat die beste Grundlage für den Tag.
- Hat Ihr Kind gar keinen Appetit, sollte es wenigstens ein Glas Milch oder Milchmix trinken – das zweite Frühstück darf dann üppiger sein.

Feste Mahlzeiten sind wichtig

Gerade für ein kleines Kind sind mehrere Mahlzeiten wichtig, denn sein Energiebedarf ist hoch, doch sein Magen kann noch nicht soviel auf einmal verkraften. Wie sich die Kalorien auf die einzelnen Mahlzeiten verteilen, können Sie im Kreis sehen. Dabei ist auch Regelmäßigkeit wichtig: Zwischendurch zu essen geht oft auf Kosten der wertvollen Nahrungsmittel, und das dann satte Kind stört die gemeinsame Tischrunde.

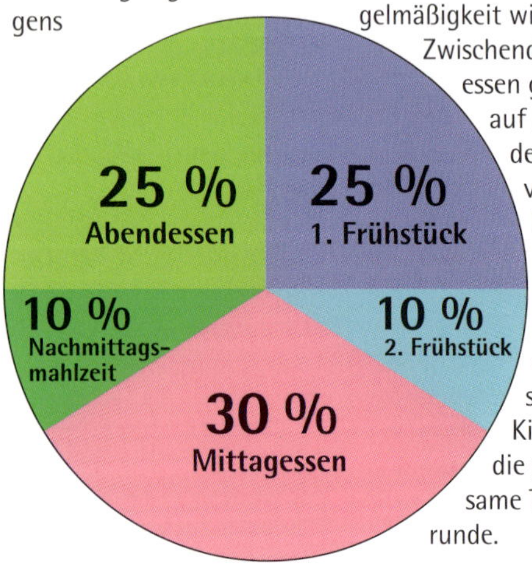

Die täglich aufgenommene Kalorienmenge sollte wie dargestellt auf die Mahlzeiten verteilt sein.

Der Kindergarten erzieht mit

Wie stolz ist Ihr Kind auf seine Kindergartentasche, die Trinkflasche, das Turnzeug und die Malsachen! Dies alles signalisiert: Ich gehöre jetzt dazu! Machen Sie das Ritual mit, kaufen Sie am besten alles gemeinsam mit dem Novizen. Ein kleiner Rucksack aus waschbarem Material ist ideal. Die Flasche sollte vor allem dicht sein: Eine Baby-Plastik-Thermosflasche hält die Milch im Sommer kühl und im Winter warm. Am besten ist es natürlich, wenn im Kindergarten Früchtetee oder Saftschorle angeboten wird. Wenn die Eltern dafür sammeln, sind die Erzieherinnen meist gerne dazu bereit.
Ein kleines Vollkornbrot, etwas rohes Obst oder Gemüse und Milch bilden die ideale Tagesration. Trinkt Ihr Kind tagsüber genug Milch, darf es auch Tee oder Saftschorle sein. Vor allem: Nicht zu viel mitgeben und so in kleine Plastikboxen verpacken, daß alles frisch bleibt. In der Gruppe sollte Übereinstimmung im Hinblick aufs Essen herrschen.

Wenn Ihr Kind täglich mit Mohrenköpfen und Milchschnitten konfrontiert wird, fällt gesunde Ernährung schwer. In jedem Kindergarten gibt es außerdem Fälle von Neurodermitis, Allergie und Hyperaktivität – auch darauf sollten alle Rücksicht nehmen. Eltern und Erzieher sollten sich auf verbindliche Richtlinien einigen: keine Süßigkeiten, keine süßen Getränke, keine Fertigprodukte. Besteht ein starkes Interesse an gesunder Kinderernährung, können Sie auch eine vertiefende Beratung organisieren. In einigen Bundesländern wird das vom Landwirtschaftsministerium organisiert und finanziert (Baden-Württemberg: Fachfrau für Kinderernährung), in anderen von den Krankenkassen. Sprechen Sie mit der Erzieherin darüber. Material für Kinder und Erzieher gibt es auch beim AID (Seite 62).
Nicht nur das »Was«, auch das »Wie« ist im Kindergarten von Bedeutung. Es gibt das »freie Frühstück«: Der Tisch ist jederzeit gedeckt und jedes Kind entscheidet selbst, wann es essen will. Eine gute Möglichkeit, wenn Kinder zu sehr unterschiedlichen Zeiten gebracht werden. Gut, wenn die Erzieherin die Gruppe kennt und darauf achtet, daß wirklich jedes Kind einmal zum Zuge kommt und keiner alleine essen muß. Sicher fördert das freie Frühstück die Selbständigkeit.
Das feste, gemeinsame Frühstück gibt dagegen mehr Geborgenheit in der Gruppe. Das ist aber nur dann sinnvoll, wenn alle Kinder gleichzeitig Appetit haben: Ein gutes Frühstück zu Hause und ähnliche Bringzeiten sind dafür Voraussetzung. Die Eltern sollten mit der Erzieherin die beste Lösung finden.

Die Brotzeit, das zweite Frühstück, ist im Kindergarten in den Tagesablauf integriert, wenn auch in unterschiedlichen Formen. Auch hier sollten Sie auf ausgewogenen Ernährung achten.

Knuspermüsli

- Für den Vorrat
- Für Mollige

Für 10 Portionen:

100 g getrocknete Bananen
100 g Puff-Amaranth
2 EL Carobpulver
100 g kernige Haferflocken
2 EL gelbe Leinsamen
2 EL Weizenkeime
40 g Kokosflocken
1 EL Hefeflocken

Zubereitungszeit: 15 Min.

Pro Portion ca.: 710 kJ/170 kcal
5 g EW/7 g F/24 g KH

1 Die Bananen so klein wie möglich zerdrücken.

2 Alle Zutaten gut mischen. Die Mischung in einem dicht schließenden Gefäß aufbewahren.

3 Für eine Portion 3 EL Müslimischung mit etwa 100 g zerkleinertem Obst (zum Beispiel 1 kleiner Apfel, Birne oder Orange) und 150 g Joghurt oder mit Milch mischen. Mit 1 EL Honig süßen.

TIP!

Amaranth enthält besonders viel wertvolles Eiweiß. Spitzenreiter ist es auch bei Calcium, Magnesium, Eisen, den Vitaminen B_2, C und E sowie Carotin.
Fertig gepufft bekommen Sie ihn im Reformhaus oder Naturkostladen.

Flockenmüsli

- Preiswert
- Schnell

Lassen Sie Ihr Kind selber flocken. Das macht Spaß!

Für 4 Portionen:

3 EL 6-Korn-Getreide Mischung (Bioladen oder Reformhaus)
100 g gemischte Beeren
1 kleiner süßer Apfel
1 EL Honig
150 g Joghurt (1,5 %)

Zubereitungszeit: 15 Min.

Pro Portion ca: 1320 kJ/315 kcal
13 g EW/2 g F/69 g KH

1 Die Körner durch die Flockenmühle drehen und knapp mit Wasser bedeckt 10 Min. stehenlassen. Die Beeren waschen, abtropfen lassen. Den Apfel vierteln, schälen, entkernen und mit dem Pürierstab pürieren. Das Mus mit Honig süßen, dann den Joghurt untermischen.

2 Apfeljoghurt mit den Getreideflocken in eine Schale geben, Beeren obenauf streuen.

VARIANTEN

Das Grundrezept läßt sich abwandeln:

- Bei Verdauungsproblemen geben Sie kleingehackte Kurpflaumen dazu.
- Ist Ihr Kind nervös, reichern Sie das Müsli mit 1 EL Hefeflocken und Weizenkeimen an.
- Ißt es zu wenig, geben Sie gehackte Nüsse und Trockenobst dazu.
- Bei übergewichtigen Kindern den Obstanteil erhöhen!
- Bei leichtem Durchfall kein Müsli geben, lieber Porridge (Seite 59).

Frühstücks-grütze

- Preiswert
- Braucht etwas Zeit

Für 1 Portion:

25 g Dinkel
1/2 reife Banane
1 Spritzer Zitronensaft
50 g Joghurt
1/2 EL Hefeflocken

Zubereitungszeit: 10 Min.
Einweichzeit: über Nacht

Ca.: 645 kJ/155 kcal
8 g EW/3 g F/31 g KH

1 Das Getreide in der Getreidemühle (oder Kaffeemühle) fein mahlen.

2 Das Mehl mit 50 ml Wasser in einem Töpfchen kurz aufkochen, dann abkühlen lassen. Den Brei über Nacht abgedeckt in den Kühlschrank stellen.

3 Die Banane schälen und mit dem Zitronensaft, dem Joghurt und den Hefeflocken pürieren. Unter den Getreidebrei ziehen.

TIP!

Getreide, das Kinder mögen und vertragen:
Weizen: mild-süßlich; reich an Eiweiß, B-Vitaminen, Vitamin E und Calcium.
Dinkel: nussig; viel Eiweiß, Eisen, Kalium.
Hirse: mild; viel Eiweiß, mineralstoffreich, viel Fluor und Kieselsäure für Haare, Haut und Zähne.
Gerste: nussig-süßlich; Nährwerte wie Weizen.
Hafer: voll und mild; fett- und eiweißreich, viel Vitamin A und E, Fluor, Zink und Jod.

Häppchen mit Obst

- Schnell
- Dekorativ

Für 1 Portion:

1 dicke Scheibe Grahambrot
1 TL Kleehonig
100 g frisches Obst der Saison
Spießchen

Zubereitungszeit: 10 Min.

Ca.: 740 kJ/175 kcal
4 g EW/2 g F/39 g KH

1 Die Brotscheibe mit Honig bestreichen und in etwa 2 cm große Würfel schneiden.

2 Das Obst waschen, Beeren putzen, Stein- und Kernobst in mundgerechte Stücke schneiden, dabei eventuell schälen oder entkernen.

3 Mit Spießchen immer 1 Fruchtstück auf 1 Brotwürfel spießen. Dazu gibt's ein Glas Milch.

VARIANTE

Wer's lieber pikant mag, streicht dünn Kräuterfrischkäse aufs Brot und spießt Tomate, Gurke, Paprika oder Radieschen auf.

Zebrabrot

- Schnell
- Gut vorzubereiten

Für 1 Portion:

1 EL Schnittlauchröllchen
1 TL Zitronensaft
1 Prise Salz
Pfeffer
1 EL Crème fraîche
1 quadratische Scheibe Vollkornbrot

Zubereitungszeit: 5 Min.
Ca.: 670 kJ/160 kcal
4 g EW/8 g F/20 g KH

1 Die Schnittlauchröllchen mit dem Zitronensaft, dem Salz, Pfeffer und der Crème fraîche verrühren.

2 Das Brot vierteln. Dann 3 Quadrate mit der Creme bestreichen und zu einem Turm zusammensetzen.

3 Das unbestrichene Quadrat obenauf legen, den Turm gut zusammendrücken und wie ein Knallbonbon in Frischhaltefolie wickeln.

TIP!

Das Zebrabrot können Sie sehr gut am Vorabend zubereiten. Dann wird der Turm fester.

Käsemöhre

- Preiswert
- Dekorativ

Für 1 Portion:

1 Möhre (etwa 30 g)
1 längliches Stückchen Edamer Käse (etwa 10 g)

Zubereitungszeit: 5 Min.
Ca.: 200 kJ/45 kcal
3 g EW/3 g F/3 g KH

1 Die Möhre waschen, schälen und längs einschneiden, so daß sie nur noch an einem Ende zusammenhängt.

2 Den Käse in der Größe der Möhre zurechtschneiden und in die Möhre klemmen. Die Käsemöhre in Frischhaltefolie wickeln.

TIP!

Als Ergänzung zu Brot sollten Sie Ihrem Kind immer Frischkost zum Knabbern mitgeben. Das können auch eine Scheibe Gurke, Radieschen, Apfelschnitze oder Mandarinensegmente sein.

Brot am Spieß

- Zum Mitnehmen
- Für Dünne

Für 1 Portion:

1 große Scheibe Vollkornbrot
20 g Butter
1 EL Kräuterfrischkäse
3-4 Radieschen
1 Scheibe Gurke (etwa 2 cm dick)
1 Scheibe Putenschinken
2 Würfel Gouda
1 Schaschlikspieß

Zubereitungszeit: 15 Min.
Ca.: 1375 kJ/330 kcal
10 g EW/24 g F/21 g KH

1 Die Brotscheibe mit Butter und Frischkäse bestreichen, halbieren und zusammenklappen, in vier Stücke teilen.

2 Radieschen putzen und waschen. Gurke und Schinken halbieren. Gurke jeweils mit Schinken umwickeln.

3 Die Brotwürfel, die Radieschen, die Käsewürfel und die Gurkenscheiben auf den Spieß stecken.

4 In eine Frühstückstüte stecken und am besten in einer Versandrolle aus Plastik transportieren.

Minzlimo

- Gelingt leicht
- Für Mollige

Zutaten für 1 1/4 l:

1 Bund frische Minze
1 TL Anissamen
4 TL Traubenzucker
4 TL Zucker
1 gute Prise Salz
3/4 l magnesiumreiches Mineralwasser

Zubereitungszeit: 15 Min.
Pro Portion ca.: 650 kJ/155 kcal
0 g EW/0 g F/38g KH

1 1/2 l Wasser aufkochen lassen. Minze abspülen und mit dem Wasser übergießen. 10 Min. ziehen lassen und durch ein Sieb in einen Krug füllen.

2 Anis, Zucker und Salz unterrrühren und abkühlen lassen. Mit kaltem Mineralwasser aufgießen.

TIP!

Für **Früchtetee** 2 TL Früchtetee und 2 TL Süßholz mit 1 1/4 l heißem Wasser übergießen, nach 5 Min. abgießen.

Das gibt's zur Brotzeit: Käsemöhre (vorne), Zebrabrot (Mitte), Brot am Spieß (hinten links) und Minzlimo (hinten rechts)

Kerniger Obstsalat

- Gut vorzubereiten
- Zum Mitnehmen

Für 1 Portion:

1 kleine Orange
3 Kurpflaumen
1/2 Apfel (Delicious)
2 EL kernige Haferflocken
1 TL Leinsamen
150 g Naturjoghurt
1 EL Hagebutten-Fruchtaufstrich
4 EL Milch

Zubereitungszeit: 15 Min.

Ca.: 1655 kJ/395 kcal
12 g EW/10 g F/70 g KH

1 Die Orange schälen, in Spalten teilen, diese in Stücke schneiden. Die Pflaumen kleinschneiden. Den Apfel waschen, vierteln, schälen, entkernen und in dünne Scheiben teilen.

2 Das Obst mit Haferflocken und Leinsamen mischen.

3 Joghurt mit Fruchtaufstrich und Milch cremig rühren, unter die Fruchtmischung ziehen.

Im Bild vorne: Kraftschnitten
Im Bild hinten: Kerniger Obstsalat

Kraftschnitten

- Braucht etwas Zeit
- Für Dünne

Für 48 Stück:

2 getrocknete ungeschwefelte Aprikosen
100 g Weizen-Vollkornschrot
100 ml Orangensaft
100 g Mandeln
100 g Datteln
16 Oblaten (12 x 20 cm)

Zubereitungszeit: 30 Min.
Ruhezeit: 1 Tag

Pro Stück ca.: 85 kJ/20 kcal
1 g EW/0 g F/4 g KH

1 Die Aprikosen waschen und fein würfeln. Mit Schrot und Orangensaft 5 Min. kochen lassen.

2 Die Mandeln in wenig Wasser aufkochen lassen, abschrecken und die Schale abziehen. Die Datteln entsteinen, die Schale entfernen.

3 Mandeln und Datteln zum Schrot geben und cremig pürieren.

4 Die Masse auf 8 Oblaten streichen. Mit jeweils 1 Oblate abdecken und etwas zusammendrücken.

5 1 Tag trocknen lassen, dann in etwa 4x10 cm große Riegel schneiden. Im Kühlschrank bis zu 2 Wochen lagern.

Rübli-Apfel-Kuchen

● Braucht etwas Zeit
● Für Dünne

Für 1 Kastenform von 30 cm Länge:

6 Eier
200 g Zuckerrohrgranulat
1 Prise Salz
3 EL Apfelsaft
150 g säuerlicher Apfel
150 g Möhren
200 g gemahlene Haselnüsse
50 g Semmelbrösel
100 g Weizenvollkornmehl
2 TL Backpulver
Fett und gemahlene Nüsse für die Form

Zubereitungszeit: 1 1/2 Std.

Bei 20 Stück pro Stück ca.:
480 kJ/115 kcal
3 g EW/4 g F/17 g KH

1 Die Form fetten und mit Nüssen ausstreuen. Den Backofen auf 190° vorheizen.

2 Eier trennen. Die Eigelbe mit 150 g Granulat, Salz und Apfelsaft schaumig rühren. Apfel und Möhren waschen, schälen, Apfel entkernen. Alles fein raspeln und mit Nüssen und Semmelbröseln zum Teig geben.

3 Mehl mit dem Backpulver unterrühren. Die Eiweiße mit dem restlichen Zucker sehr steif schlagen und vorsichtig unter den Teig heben. Den Teig in die Form füllen, glattstreichen. Im Backofen (Mitte, Umluft 180°) 45 Min. backen.

Süßer Dippquark

● Gelingt leicht
● Zum Mitnehmen

Für 1 Portion:

100 g Magerquark
2 EL Sahne
1 Msp. gemahlene Vanille
1 EL Zucker (oder Honig)
150 g Früchte

Zubereitungszeit: 10 Min.

Ca.: 1305 kJ/310 kcal
14 g EW/16 g F/33 g KH

1 Den Quark mit Sahne, Vanillepulver und Zucker cremig rühren. In eine dichte Box füllen.

2 Das Obst waschen, wenn nötig, in mundgerechte Stücke teilen.

TIP!

Lieber kein Obst nehmen, das an Schnittstellen bräunt wie Äpfel, Birnen, Pfirsich oder Banane.

Im Bild vorne: Süßer Dippquark
Im Bild hinten: Rübli-Apfel-Kuchen

Essen mit der Familie

Essen heißt fürs Baby, aber auch noch fürs Kleinkind nicht nur Sattwerden, sondern auch Nähe und Zuwendung der Mutter. Erst eine auch auf diesem Gebiet intakte Beziehung ermöglicht eine gesunde Entwicklung auf anderen Gebieten. Essen hat nicht nur mit Vitaminen und Mineralstoffen zu tun – es ist auch ein Spiegel der Eltern-Kind-Beziehung. Machtkämpfe, die beim Essen ausgetragen werden, und Leistungen, die mit Essen belohnt werden, sind häufige Beispiele einer gestörten Beziehung. Wenn Ihr Kind Ihnen in puncto Essen Sorgen macht, beschränken Sie sich nicht auf die vordergründige Problematik, sondern versuchen Sie den Ursachen tiefer auf den Grund zu gehen. Auch für die Integration in einer Gruppe spielt das Essen eine entscheidende Rolle: das Essen am Familientisch, die fröhliche Frühstücksrunde im Kindergarten, die Geburtstagstafel, das Grillfest oder Picknick sind positive Eßerlebnisse, bei denen das Kind viel über sich und die anderen lernt. Der erste Kaufladen, Backutensilien und ein Puppenherd lassen Einkauf und Kochen zum Lernspiel werden. Das sind prima Gelegenheiten für Sie, Ihrem Kind gesunde Ernährung und gleichzeitig Spaß am Essen zu vermitteln.

Wenn der Eierlöffel durch die Luft segelt

...geht's in der Regel nicht mehr ums Können, sondern um knallharte Provokation. Und wenn Ihr Kind mit den Händen in die Spaghettischüssel greift, im Salat wühlt und Riesenportionen auf seinem Teller zermanscht, dann kommen Sie mit einfühlendem Verständnis allein nicht weiter. Notwendig ist es trotzdem: Gehen Sie den Ursachen der Aggressivität auf den Grund. Verstehen hilft Ihnen und dem Kind und schützt Sie vor Wut und Zorn.

Verstehen heißt nicht immer akzeptieren!

Machen Sie Ihrem Kind klar, daß sein Verhalten den anderen bei Tisch den Appetit verdirbt. Und daß es die »Köchin«, die sich Mühe gegeben hat, kränkt.
Erklären Sie ihm, daß es alleine essen muß, wenn es noch nicht »gesellschaftsfähig« ist. Und ziehen Sie das auch einmal durch: Das wirkt Wunder!
Will das Kind schon gerne groß sein, verhält sich aber nicht so, hilft die Baby-Masche: Kochen Sie seinen fast vergessenen Babybrei und setzen Sie ihm sein Babygeschirr vor. Denn wer nicht mitmachen will bei der Runde der Großen – ist eben noch ein Baby.

Sind Tischmanieren out?

Bei einem Kleinkind drücken wir noch die Augen zu, wenn die kleinen Finger in die Nudelschüssel greifen, es ihm hörbar gut schmeckt und der Tisch nach dem Essen aussieht wie eine Speisekarte. Doch ganz plötzlich wird aus dem Kleinkind ein Schulkind – und Schlürfen, Schmatzen, »Ferkeln« und die Ellbogen vor dem Teller stören die Stimmung der ganzen Tischrunde. Ob im Restaurant oder bei Freunden: Ein Kind, das flegelhafte Tischsitten hat, eckt an. Denn gemeinsames Essen ist auch ein Akt der Kommunikation. Am Familientisch wurde schon immer erzählt, gelernt, erzogen. Damit sich jeder in der Runde wohl fühlen kann, gehören dazu Spielregeln. Und das elterliche Vorbild!

Die Mahlzeiten am Familientisch sind auch für die soziale Entwicklung des Kindes wichtig. Versuchen Sie für entspannte Atmosphäre zu den Essenszeiten zu sorgen.

Kochen für die Familie

Frisch vom Feld landen die Lebensmittel bei uns selten auf dem Tisch. Schon nach drei Tagen Lagerzeit haben Blattgemüse und Salat nur noch die Hälfte Vitamin C, Blumenkohl und Erbsen ein gutes Drittel weniger. Im Kühlschrank wird der Abbau gebremst. Fazit: Kaufen Sie in Geschäften, wo täglich frisch geliefert und Frischwaren kühl gelagert werden. Bewahren Sie Ihre Einkäufe im Gemüsefach des Kühlschranks auf – und tätigen Sie keine großen Vorratskäufe. Tiefgefrorenes Gemüse enthält im Zweifel mehr wertvolle Inhaltsstoffe als schlaffe Vorratsware. Vitamine und bioaktive Substanzen reagieren empfindlich auf Licht, Luft und Wärme. Mineralstoffe sind stabiler als Vitamine – sie können nur mit viel Flüssigkeit weggeschwemmt werden. Hohe Gartemperaturen schließlich lassen gesundheitlich gefährliche Substanzen entstehen.

- Gemüse und Obst vor dem Putzen waschen.
- Niemals wässern und nie geschält und zerkleinert stehen lassen.
- So kurz wie möglich in so wenig Flüssigkeit wie nötig garen, dabei den Topf geschlossen halten.
- Bei möglichst niedrigen Temperaturen garen, dunkle Krusten meiden.
- Fertiges Essen nicht warm halten.

Tomatensuppe

- Preiswert
- Schnell

Für 4 Portionen:

50 g Hirse · 1 Ei
2-3 EL Milch
1 Bund Suppengemüse
2 TL Butter
1/4 l Gemüsebrühe
2 EL zarte Haferflocken
1/2 l Tomatenpüree (Fertigprodukt)
2-3 TL Crème fraîche
20 g gehackte Kresse

Zubereitungszeit: 20 Min.

Pro Portion ca.: 525 kJ/115 kcal
5 g EW/7 g F/16 g KH

1 Die Hirse fein mahlen. Mit Ei und Milch zu einem dicken Teig verrühren und quellen lassen.

2 Inzwischen Gemüse waschen, putzen, fein schneiden. Butter zerlassen und Gemüse darin andünsten. Mit Brühe ablöschen und 5 Min. köcheln lassen. Mit Haferflocken pürieren, Tomatenpüree unterrühren.

3 Den Teig löffelweise in die köchelnde Suppe tropfen lassen. Mit Crème fraîche und Kresse servieren.

Im Bild vorne: Kartoffelsuppe
Im Bild hinten: Tomatensuppe

Kartoffelsuppe

- Für Dünne
- Vegetarisch

Für 4 Portionen:

750 g mehligkochende Kartoffeln
250 g junge Möhren
1/4 l Gemüsebrühe
1/2 l Milch
100 g Weichkäse
1 EL gehackte Petersilie
3 EL Hefeflocken
30 g gemahlene Mandeln
125 g Sahne

Zubereitungszeit: 40-50 Min.

Pro Portion ca.: 1935 kJ/465 kcal
19 g EW/22 g F/50 g KH

1 Die Kartoffeln waschen, ungeschält in wenig Wasser 20-30 Min. garen.

2 Die Möhren schälen und fein reiben. Die Gemüsebrühe mit der Milch erwärmen.

3 Käse von der weißen Rinde befreien, würfeln, in der Brühe schmelzen lassen. Möhren, Petersilie, die Hefeflocken und die Mandeln darunterrühren und einmal aufkochen lassen.

4 Die Kartoffeln pellen, durch die Presse drücken und in die Suppe geben. Die Suppe wieder erhitzen. Die Sahne steif schlagen und unterziehen.

Gemüse-bouillon

- Für Mollige
- Gut vorzubereiten

Für 4 Portionen:

1 Zwiebel
1 Knoblauchzehe
1 Stange Lauch
2 Möhren
1 Stange Staudensellerie
1 Bund Petersilie
2 EL kaltgepreßtes Öl
1 Thymianzweig
Salz
1 TL Tomatenmark

Zubereitungszeit: 40 Min.

Pro Portion ca.: 455 kJ/110 kcal
4 g EW/5 g F/16 g KH

1 Zwiebel und Knoblauch schälen und würfeln. Gemüse waschen, putzen und grob teilen. Die Petersilie waschen, die Blättchen fein hacken, beiseite legen.

2 Alles Gemüse im Schnellkochtopf in 1 EL Öl anbraten, Thymian und Petersilienstiele dazugeben. 1 1/4 l Wasser angießen, Salz und Tomatenmark einrühren. Den Topf schließen. Auf Stufe 1 20 Min. kochen, im Topf abkühlen lassen.

3 Brühe durch ein Sieb gießen, die Petersilie und das übrige Öl dazugeben.

Flädle-Rüblisuppe

- Schnell
- Preiswert

Für 4 Personen:

1 l Gemüsebouillon
250 g Möhren
2 Eier
100 g Weizenvollkornmehl
1/4 l Vollmilch
50 g Reibekäse
40 g Sonnenblumenkerne
1 EL Maiskeimöl

Zubereitungszeit: 30 Min.

Pro Portion ca.: 1480 kJ/355 kcal
16 g EW/16 g F/38 g KH

1 Die Brühe erhitzen. Die Möhren waschen, schälen, fein reiben und in der Brühe bei mittlerer Hitze 8 Min. garen.

2 Eier, Mehl und Milch verrühren. Käse und Sonnenblumenkerne unterziehen.

3 Das Öl in einer Pfanne heiß werden lassen und von dem Teig 2-3 Pfannkuchen backen. Diese in etwas 1/2 cm dicke Streifen schneiden, in Suppenteller füllen, die Möhrenbrühe darüber schöpfen.

Im Bild vorne: Flädle-Rüblisuppe
Im Bild hinten: Gemüsebouillon

Zwergenschnitzel

● Gelingt leicht
● Schnell

Für 4 Portionen:

- 300 g Hühnerbrustfilet
- Salz
- Pfeffer
- 4 EL Weizenvollkornmehl
- 2 EL Butter
- 1/8 l Gemüsebrühe
- 2 EL Crème fraîche
- 4 TL Tomatenmark

Zubereitungszeit: 30 Min.

Pro Portion ca.: 870 kJ/210 kcal
16 g EW/10 g F/13 g KH

1 Die Hühnerbrustfilets heiß abwaschen, mit Küchenpapier trockentupfen. Dann die Filets in kleine Schnitzelchen schneiden und diese flach klopfen.

2 Die Schnitzel leicht salzen und pfeffern und in dem Mehl wenden.

3 In einem Topf die Butter zerlassen, das Fleisch darin von beiden Seiten anbraten. Mit der Gemüsebrühe angießen.

4 Die Crème fraîche unterrühren und das Fleisch 10 Min. bei schwacher Hitze dünsten. Die Sauce mit dem Tomatenmark abschmecken und mit den Schnitzeln servieren.

TIPS!

Zu den Schnitzeln passen das Kartoffelpürre oder die Spätzle von Seite 28. Auch Pellkartoffeln schmecken gut dazu.
Wenn es schnell gehen muß, Nudeln dazu reichen – am besten Vollkorn.
Statt Hähnchen können Sie auch Pute oder Schweineschnitzel nehmen. Schnitzel immer so lange garen, bis sie gerade »durch« sind, um eventuelle Salmonellen abzutöten. Zu langes Braten macht das Fleisch dagegen zäh.

Spieße Kunterbunt

- Für Mollige
- Fingerfood

Für 4 Portionen:

300 g Putenbrust
3 EL Olivenöl
3 EL Sojasauce
250 g kleine Zucchini
200 g kleine Champignons
je 1 rote und gelbe Paprikaschote
Sesamsamen
12 Schaschlikspieße

Zubereitungszeit: 40 Min.

Pro Portion ca.: 800 kJ/190 kcal
19 g EW/9 g F/13 g KH

1 Putenbrust in etwa 3 cm große Würfel schneiden. In einer Mischung aus Olivenöl und Sojasauce schwenken und ziehen lassen.

2 Die Zucchini waschen und in etwa 3 cm dicke Scheiben schneiden, diese halbieren. Die Champignons waschen. Die Paprika halbieren, putzen, waschen und ebenfalls in etwa 3 cm große Würfel schneiden.

3 Den Backofengrill vorheizen. Das Fleisch und das Gemüse abwechselnd auf Spieße stecken. Dabei sollten keine Zutaten überstehen.

4 Die übrige Marinade mit einem Pinsel auf das Gemüse streichen, rundherum mit Sesamsamen bestreuen. Die Spieße auf einem Blech unter dem Grill 15 Min. grillen, dabei einmal wenden.

VARIANTE

Dieser Spieß läßt sich variieren. Vorgedünstete Kartoffel- und Möhrenscheiben, Broccoli, Kohlrabi und Blumenkohl – auch vorgegart – schmecken den meisten Kindern gut.
Auch in kleine Stücke geschnittene, nicht gepökelte Grillwürste sind geeignet. Sie erkennen sie an der weißlichen Farbe. Gepökelte Würste wie Wiener sind rötlich – sie sind zum Grillen ungeeignet, weil sich unter der Hitze aus dem Nitrit-Pökelsalz krebserregende Nitrosamine bilden.

Zucchini-Kartoffelpuffer

- Preiswert
- Für Dünne

Für 4 Portionen:

500 g kleine Zucchini
500 g Kartoffeln
1 Zwiebel
2 Eier
200 g Magerquark
100 g kernige Haferflocken
Salz
Pfeffer
2 Bund Radieschen
3-4 EL (saure Sahne 20 %)
etwa 100 g Butterschmalz zum Braten

Zubereitungszeit: 50 Min.

Pro Stück ca.: 1615 kJ/385 kcal 18 g EW/17 g F/44 g KH

1 Die Zucchini waschen und trockenreiben. Die Enden abschneiden. Die Kartoffeln waschen und schälen. Die Zwiebel schälen. Das Gemüse mit der Küchenmaschine oder der Reibe fein raspeln.

2 Die Eier mit dem Magerquark und den Haferflocken unter das Raspelgemüse ziehen, mit 1/2 TL Salz und Pfeffer würzen, quellen lassen.

3 Die Radieschen putzen, waschen und fein pürieren. Das Radieschenpüree in einem Sieb abtropfen lassen, dann mit der sauren Sahne, Salz und Pfeffer verrühren. Soviel Radieschensaft dazugeben, bis der Dip sämig ist.

4 Die Hälfte von dem Butterschmalz in einer beschichteten Pfanne erhitzen. Mit einer Kelle den Pufferteig portionsweise in das heiße Fett geben, flachdrücken und bei mittlerer Hitze braten. Die Puffer nach 3-4 Min. wenden, eventuell Butterschmalz dazugeben und die andere Seite fertigbraten. Die Puffer zum Entfetten auf Küchenpapier legen.

5 Den Radieschenschaum mit den Puffern servieren.

VARIANTE

Statt Zucchini können Sie auch Möhren, Knollensellerie oder rote Bete verwenden.

Tigerkartoffeln

- Vegetarisch
- Dekorativ

Für 4 Portionen:

4 sehr dicke Kartoffeln (je etwa 250 g)
Kräutersalz
250 g Tomaten
200 g junger Gouda in Scheiben
frisch geriebene Muskatnuß
Fett für die Form

Zubereitungszeit: 50–60 Min.,

Pro Stück ca.: 630 kJ/150 kcal 4 g EW/1 g F/34 g KH

1 Kartoffeln waschen. Von jeder Kartoffel ein kleines Stückchen Schale abschneiden (so garen sie schneller und platzen nicht), dann die Kartoffeln in gesalzenem Wasser in 20–30 Min. gar kochen. Die Kartoffeln pellen und ausdampfen lassen.

2 Inzwischen die Tomaten waschen, von Stielansätzen befreien und in etwa 1/2 cm breite Scheiben schneiden. Den Käse so schneiden, daß die Stücke etwa so groß sind wie der Querschnitt der Kartoffeln.

3 Die Kartoffeln quer in etwa 1 cm dicke Scheiben schneiden. Dabei aber nicht ganz durchschneiden, die Kartoffeln sollten an der Unterseite noch zusammenhalten.

4 Den Backofengrill vorheizen. Eine Auflaufform leicht fetten. Die Kartoffeln hineinsetzen und zwischen die einzelnen Segmente jeweils 1 Tomatenscheibe und etwas Käse schieben. Mit Salz und Muskat leicht bestreuen.

5 Die Kartoffeln unter dem Grill (mittlere Schiene) 3-5 Min. übergrillen, bis der Käse ganz geschmolzen ist.

VARIANTE

Saftiger wird die Kartoffel mit einem Klecks saure Sahne (10 %).
Sie können auch zusätzlich feine Schinkenscheiben oder Brät in die Streifen füllen.

Im Bild vorne: Tigerkartoffeln
Im Bild hinten: Zucchini-Kartoffelpuffer

Sahniges Kartoffelpüree

● Braucht etwas Zeit
● Gelingt leicht

Für 4 Portionen:

- **1 kg mehligkochende Kartoffeln**
- **400 ml Milch (1,5 %)**
- **1 TL Salz**
- **1 Prise frisch geriebene Muskatnuß**
- **2 EL Sahne**
- **2 EL Butter**

Zubereitungszeit: 1 Std.

Pro Portion ca.: 1040 kJ/250 kcal
8 g EW/8 g/38 g KH

1 Die Kartoffeln waschen und ungeschält in wenig Wasser in etwa 40 Min. garen.

2 Die Kartoffeln pellen und durch die Kartoffelpresse drücken.

3 Die Milch in einem Topf zum Kochen bringen.

4 Die Kartoffeln in der Milch gut verrühren, bis ein cremiger Brei entstanden ist. Das Püree mit Salz und Muskat abschmecken, die Sahne und die Butter unterziehen.

VARIANTEN

Wenn Ihr Kind es gerne süß mag, garen Sie 2 Möhren mit den Kartoffeln. Dann erhalten Sie einen leicht süßen, orangefarbenen Brei.
Grün wird das Püree, wenn Sie zum Schluß frische, gehackte Kräuter unterziehen.
Ein besonderes Aroma bekommt das Püree, wenn Sie ein Stückchen Knollensellerie mit den Kartoffeln garen.

Hirsespätzle

● Preiswert
● Für Dünne

Für 4 Portionen:

- **100 g Hirsemehl**
- **150 g Weizenmehl**
- **3 Eier**
- **Salz**
- **80 ml Milch**
- **2 EL Öl (oder 40 g Butter)**

Zubereitungszeit: 35 Min.

Pro Portion ca.: 1535 kJ/365 kcal
12 g EW/15 g F/45 g KH

1 Mehl, Eier, 1 Prise Salz und Milch zu einem dickflüssigen Teig verrühren, 15 Min. quellen lassen.

2 Reichlich Salzwasser zum Kochen bringen, den Teig portionsweise in einen Spätzlehobel füllen und in das köchelnde Wasser schaben. Den Topf zwischendurch schütteln, damit sich nichts festsetzt. Schwimmen alle Spätzle oben, mit einem Schaumlöffel herausheben und in einem Sieb abtropfen lassen. Die nächste Partie in den Topf hobeln. Gut abgetropfte Spätzle im heißen Fett schwenken.

VARIANTE

Für **Spinatspätzle** etwa 500 g Spinat putzen, waschen, blanchieren und ausdrücken, in der Küchenmaschine zerkleinern und das Mus und zusätzlich 40 ml Milch unter den Spätzleteig mischen. Ersatzweise dieselbe Menge gut ausgedrückten tiefgekühlten Spinat nehmen.

Frische Tomatensauce

● Für Dünne
● Ohne Milch und Ei

Für 4 Portionen:

500 g Tomaten
1 Zwiebel
1 Knoblauchzehe
1 kleine Stange Staudensellerie
1 große Möhre
1 EL Butter (oder Margarine)
200 ml Gemüsebrühe
2 EL Tomatenmark
Oregano
Salz · Pfeffer · Zucker

Zubereitungszeit: 30 Min.

Pro Portion ca.: 450 kJ/110 kcal
3 g EW/4 g F/16 g KH

1 Tomaten mit kochendem Wasser überbrühen und häuten, ohne die Stielansätze in schmale Spalten schneiden. Zwiebel und Knoblauch schälen und in kleine Würfel schneiden. Sellerie putzen, in dünne Scheiben schneiden. Möhre waschen, schälen und fein würfeln.

2 Fett in einer Kasserolle erhitzen, Zwiebeln, Knoblauch, Sellerie und Möhren andünsten. Mit der Gemüsebrühe ablöschen, Tomatenmark und Gewürze unterrühren.

3 Die Sauce 15 Min. köcheln lassen, bis das Gemüse gar ist. Dann pürieren und abschmekken. Die Tomatenspalten in der Sauce nur noch heiß werden lassen.

Cremige Erbsensauce

● Schnell
● Gelingt leicht

Für 4 Portionen:

1 kleine Stange Lauch
150 g tiefgekühlte Erbsen
150 ml Gemüsebrühe
100 g Crème fraîche
Salz · Pfeffer
getrockneter Thymian

Zubereitungszeit: 25 Min.

Pro Portion ca.: 665 kJ/160 kcal
4 g EW/11 g F/12 g KH

1 Den Lauch putzen, waschen und in feine Ringe schneiden. Mit den Erbsen in der Gemüsebrühe 15 Min. dünsten.

2 Das Gemüse mit dem Sud pürieren. Die Crème fraîche unterrühren und die Sauce mit Salz, Pfeffer und Thymian abschmecken.

VARIANTE

Nach diesem Grundrezept lassen sich viele Gemüsecremesaucen zubereiten: Möhren, Broccoli, Blumenkohl, Zucchini und Kohlrabi sind besonders gut geeignet. Hat Ihr Kind eine Unverträglichkeit gegen tierisches Eiweiß, nehmen Sie 50 g mehr Gemüse und schmecken die Sauce statt mit Crème fraîche mit 1–2 EL Öl ab. Zum zusätzlichen Binden eignen sich Semmelbrösel oder geriebene Nüsse.

Zucchinilasagne

● Für Dünne
● Gelingt leicht

Für 4 Portionen:

600 g Zucchini
2 EL gehackte Kräuter
120 g Kräuter-Doppelrahmfrischkäse
100 g Sahne
200 ml Milch
100 g geriebener Emmentaler
Kräutersalz
150 g Lasagneblätter (ohne Vorkochen)
Fett für die Form

Zubereitungszeit: 50 Min.

Pro Portion ca.: 1910 kJ/455 kcal
18 g EW/27 g F/37 g KH

1 Die Zucchini waschen, die Enden abschneiden und die Zucchini in Scheiben hobeln. Die Kräuter mit dem Frischkäse, der Sahne und der Milch zu einer cremigen Sauce verrühren. Den Emmentaler bis auf 2 EL und Salz unterziehen, unter die Zucchini mischen.

2 Eine flache Auflaufform einfetten. Den Backofen auf 200° vorheizen. Eine Schicht Zucchini-Sauce-Mischung einlegen, dann die erste Lage Lasagnenudeln, Zucchini, wieder Nudeln, Zucchini, Lasagne und so weiter, bis alle Zutaten eingeschichtet sind. Mit Zucchini enden. Den restlichen Emmentaler darüber verteilen.

3 Im Backofen (Mitte, Umluft 180°) 35 Min. backen.

VARIANTE

Statt Zucchini können Sie auch blanchierten Blattspinat oder fein geraspelte, leicht vorgedünstete Möhren, Broccoli oder Kohlrabi einschichten. Sie können auch hauchdünn geschnittenen, gekochten Schinken dazutun.

Polentagratin

● Vegetarisch
● Mild

Für 4 Portionen:

3/4 l Gemüsebrühe
200 g Maisgrieß (Polenta)
400 g Schichtkäse
150 g saure Sahne (10 %)
Salz · Pfeffer
80 g frisch geriebener Parmesan
600 g Eiertomaten
30 g Butter (oder Margarine)
Fett für die Form

Zubereitungszeit: 1 1/4 Std.
Pro Portion ca.: 2825 kJ/675 kcal
31 g EW/30 g F/71 g KH

1 Die Gemüsebrühe zum Kochen bringen, unter ständigem Rühren den Grieß einrieseln lassen und bei schwacher Hitze in 15 Min. dick kochen. Eine Kastenform fetten und den Maisgrieß hineingeben, glattstreichen. Kalt werden lassen.

2 Den Schichtkäse mit der sauren Sahne, Salz, Pfeffer und 50 g Parmesan mischen. Die Polenta aus der Form stürzen und in Scheiben schneiden.

3 Die Tomaten mit kochendem Wasser überbrühen, nach 1 Min. kalt abschrecken, häuten und in Scheiben schneiden, dabei Stielansätze entfernen.

4 Eine Auflaufform fetten. Den Backofen auf 200° vorheizen. Die Tomaten im Wechsel mit der Käsemasse und den Polentascheiben dachziegelartig in die Form schichten.

5 Mit dem übrigen Parmesan und Fettflöckchen garnieren. Im Backofen (Mitte, Umluft 180°) in 30 Min. goldgelb überbacken. Dazu passen frische Gurkenscheiben oder Tomaten.

VARIANTE

Statt Tomaten eignen sich auch Zucchinischeiben, vorgedünstete Möhren und blanchierter Blattspinat für das Gratin.

Im Bild vorne: Zucchinilasagne
Im Bild hinten: Polentagratin

Gebratener Reis

- Für Mollige
- Ohne Milch und Ei

Für 4 Portionen:

250 g Reis (parboiled)
1/2 l Gemüsebrühe
150 g Hühnerbrust
1 EL Sojasauce
2 Frühlingszwiebeln
200 g Sojasprossen (frisch oder aus dem Glas)
300 g Möhren
1 gelbe Paprikaschote
1 EL Öl
Salz · Pfeffer
6-8 kleine Tomaten

Zubereitungszeit: 45 Min.

Pro Portion ca.: 1555 kJ/370 kcal
22 g EW/9 g F/58 g KH

1 Den Reis in einem Topf anwärmen. Die Brühe angießen und zum Kochen bringen, den Reis bei schwacher Hitze ausquellen lassen.

2 Inzwischen die Hühnerbrust in feine Streifen schneiden, mit der Sojasauce beträufeln und ziehen lassen. Frühlingszwiebeln waschen, putzen und in Ringe schneiden. Sprossen abbrausen und abtropfen lassen. Möhren waschen, schälen und auf einer Reibe in feine Streifen reiben. Paprika waschen, putzen und in Würfel schneiden.

3 Das Öl im Wok oder einer großen Pfanne erhitzen. Das Fleisch darin bei mittlerer Hitze unter Rühren anbraten, dann Paprika und Möhren unter ständigem Rühren mitbraten. Nach 3 Min. die Frühlingszwiebeln und die Sprossen mitbraten, zum Schluß den Reis dazugeben und ständig braten. Mit Salz und Pfeffer abschmecken.

4 Die Tomaten waschen, mit kochendem Wasser überbrühen, nach 1 Min. abschrecken und abziehen. In den Reis setzen und kurz weiterbraten, bis sie heiß sind.

TIP!

Die asiatische Küche kommt fast ohne Milchprodukte aus. Für Allergiker ideal! Durch das Rühren im Wok oder der Pfanne bleibt alles knackig und saftig. Dieses Rezept läßt sich mit den meisten Gemüsesorten und Fisch oder Krabben oder Nüssen statt Fleisch variieren – je nach Verträglichkeit.

Putengeschnetzeltes mit Möhren

● Schnell
● Preiswert

Für 4 Portionen:

300 g Putenbrust
1 Zwiebel
20 g Butter (oder ungehärtete Margarine)
Salz · Pfeffer
600 g Möhren
1 Dose Maiskörner (425 g Inhalt)
2 EL Sahne
1/8 l Orangensaft

Zubereitungszeit: 25 Min.

Pro Portion ca.: 1085 kJ/260 kcal
20 g EW/8 g F/29 g KH

1 Das Putenfleisch waschen, trockentupfen und kleinschneiden. Die Zwiebel schälen und in kleine Würfel schneiden.

2 Die Butter in einer beschichteten Pfanne erhitzen. Die Zwiebel und das Fleisch darin anbraten, mit Salz und Pfeffer würzen.

3 Gleichzeitig die Möhren waschen, schälen und grob raspeln. Die Möhrenraspel zum Fleisch geben und unter Rühren weitergaren. Den Sud aus der Maisdose in die Pfanne gießen und bei mittlerer Hitze 5 Min. weiterdünsten, bis die Möhren weich sind.

4 Die Maiskörner und die Sahne unterrühren, umrühren, alles heiß werden lassen und mit dem Orangensaft abschmecken.

VARIANTEN

Geschnetzeltes ist ideal für Kinder: Alles ist schon kleingeschnitten, saftig, und es läßt sich jede Menge Gemüse in der Sauce verstecken. Spargel, Zuckerschoten, Kohlrabi, Erbsen, Tomatenstückchen, Broccoli und rote oder gelbe Paprika, Kürbis und Zucchini lassen sich so ans Kind bringen.
Den Orangensaft können Sie durch Apfelsaft oder einfach Wasser ersetzen, die Sahne durch saure Sahne oder Crème fraîche – je nach Vorlieben.
Wer mag, kann die Sauce etwas binden: Das Fleisch vor dem Anbraten in einer Plastiktüte mit 1-2 EL Mehl schwenken.

Obstauflauf

- Schnell
- Fürs Kinderfest

Für 4 Portionen:

- **400 g Aprikosen**
- **100 g Brombeeren**
- **2 Eier**
- **40 g Zucker**
- **75 g Mehl**
- **75 g Hirsemehl**
- **400 ml Milch**
- **1 Prise Salz**
- **1 EL Puderzucker**
- **1 TL Zimt**
- **1 EL Butter (oder Margarine) für die Form**

Zubereitungszeit: 1 Std.

Pro Portion ca.: 1500 kJ / 360 kcal
11 g EW/11 g F/55 g KH

1 Die Aprikosen waschen, vierteln und entsteinen. Die Brombeeren waschen. Den Backofen auf 180° vorheizen.

2 Die Eier trennen. Eigelbe mit dem Zucker verrühren, im Wechsel Mehl und Milch unterrühren, bis ein glatter Teig entstanden ist.

3 Die Eiweiße mit dem Salz zu einem festen Schnee schlagen, unter den Teig ziehen.

4 Eine flache, feuerfeste Form (28 cm ø) fetten. Den Teig in die Form füllen und die Früchte darauf verteilen. Im Backofen (Mitte, Umluft 160°) 35 Min. backen. Den Ofen ausschalten und den Auflauf noch 10-15 Min. ziehen lassen.

5 Dann den Auflauf herausnehmen und mit dem Zimt und dem Puderzucker überstäuben.

VARIANTE

Dieser einfache Auflauf kann mit jedem zarten Obst wie Kiwis, Kirschen, Erdbeeren, Pfirsichen und Trauben gebacken werden. Sie können ihn auch kalt als Kuchen servieren.

Apfelpfannkuchen

- Preiswert
- Schnell

Für 4 Portionen:

- **100 g Mehl**
- **4 Eier**
- **400 ml Milch**
- **100 g zarte Haferflocken**
- **1/2 TL Salz**
- **600 g säuerliche Äpfel**
- **2 EL Zitronensaft**
- **Butterschmalz zum Backen**
- **30 g Puderzucker**

Zubereitungszeit: 30 Min.

Pro Portion ca.: 1920 kJ / 460 kcal
15 g EW/15 g F/64 g KH

1 Das Mehl mit den Eiern glatt verrühren. Im Wechsel die Milch und die Haferflocken unterrühren, salzen und kurz quellen lassen.

2 Inzwischen die Äpfel waschen, schälen, vierteln und die Kerngehäuse ausschneiden. Die Viertel in 2-3 Spalten schneiden, zwischendurch mit Zitronensaft beträufeln, damit sie nicht braun werden.

3 In einer Pfanne mit 26 cm ø 1 TL Fett zerlassen, spiralförmig mit Apfelspalten auslegen und ein Viertel Teig darüber schöpfen. Zugedeckt bei mittlerer Hitze 5 Min. backen, bis der Teig obenauf stockt. Dann mit Hilfe eines flachen Deckels wenden, auf der anderen Seite 3 Min. backen. Die restlichen Pfannkuchen genauso backen. Mit Puderzucker bestreut zu Tisch geben.

VARIANTE

Wer mag, kann aus diesem Teig auch pikante Pfannkuchen backen: Statt Äpfeln geraspelte Zucchini, Möhren oder Erbsen verwenden. Nach dem Wenden etwas Reibekäse aufstreuen und fertigbacken.

Im Bild vorne: Obstauflauf
Im Bild hinten: Apfelpfannkuchen

Quarkplätzchen mit Pflaumenmus

- Gelingt leicht
- Braucht etwas Zeit

Für 4 Portionen:

500 g Magerquark
4 Eier
100 g zarte Haferflocken
6 EL Vollkorngrieß
1 Prise Salz
400 g reife Pflaumen
etwas Zimt
Butterschmalz zum Braten
4 TL Puderzucker

Zubereitungszeit: 50 Min.

Pro Portion ca.: 1865 kJ/445 kcal
29 g EW/21 g F/35 g KH

1 Den Quark mit den Eiern, den Haferflocken, dem Grieß und dem Salz verrühren und 30 Min. quellen lassen.

2 Inzwischen für das Pflaumenmus die Pflaumen waschen, trockenreiben und entsteinen. Das Obst sehr fein zerkleinern und mit Zimt abschmecken.

3 Das Butterschmalz in einer kleinen Pfanne zerlassen, den Teig portionsweise in das Fett geben, mit einem Löffel glattstreichen und von beiden Seiten bei mittlerer Hitze in 8 Min. goldgelb ausbacken.

4 Die Quarkplätzchen nach dem Backen sofort auf Küchenpapier legen, dann mit Puderzucker überstäuben.

5 Auf Teller verteilen und das Pflaumenmus außen herum gießen.

VARIANTE

Je nach Saison und Zeit können Sie zu den Quarkplätzchen oder den Quarknockerln von Seite 37 auch andere Fruchtsaucen oder -pürees, Kompott oder frischen Obstsalat reichen.

Quarknockerln mit Kirschsauce

● Für Mollige
● Mild

Für 4 Portionen:

500 g Quark (20 %)
3 Eier
100 g Mehl
120 g Grieß
Salz
1 Glas Schattenmorellen (680 g Inhalt)
25 g Speisestärke
1 EL Zucker
30 g Butter (oder Margarine)
50 g Semmelbrösel

Zubereitungszeit: 40 Min.

Pro Portion ca.: 2530 kJ/605 kcal
28 g EW/21 g F/80 g KH

1 Den Quark mit den Eiern cremig rühren, nach und nach das Mehl und den Grieß unterrühren, salzen und 30 Min. quellen lassen.

2 Reichlich Salzwasser zum Kochen bringen. Mit einem Teelöffel von dem Teig ein Probenockerl abstechen und kochen. (Wenn der Teig zu weich ist und das Nockerl nicht hält, noch etwas Grieß einstreuen.) Wenn der Teig die richtige Konsistenz hat, mit einem nassen Eßlöffel Nockerln abstechen, in das kochende Wasser gleiten lassen und bei schwacher Hitze 12 Min. ziehen lassen, bis sie an der Oberfläche schwimmen.

3 Inzwischen von den Kirschen einige schöne beiseite legen. Die restlichen Kirschen mit dem Saft in einen Topf geben. Die Stärke mit 3 EL Saft anrühren. Kirschen mit einem Pürierstab zerkleinern.

4 Die Kirschen zum Kochen bringen, die angerührte Stärke unter ständigem Rühren dazugeben und 2 Min. kochen lassen. Mit Zucker abschmecken. Die übriggelassenen Kirschen dazugeben.

5 Die Nockerln mit einem Schaumlöffel aus dem Wasser heben. Die Butter erhitzen, die Semmelbrösel darin goldbraun braten und die Nockerln darin schwenken. Die Sauce heiß zu den Nockerln servieren.

Kinderfeste: spielend essen lernen

Ein Kind ist kein kleiner Erwachsener – wir müssen es in seinen speziellen Bedürfnissen ernst nehmen. Über den Verlust der Flasche trösten am besten ein eigener Becher, Serviettenring, Teller und Set – Symbole des neuerworbenen Status bei Tisch. Besteck und Geschirr sollte dem kindlichen Körper und seinen Bewegungsabläufen angepaßt sein. Es soll das Lernen erleichtern. Becher haben kleine Tüllen, runde Henkel, sind unzerbrechlich und leicht. Teller sollten ausreichend Platz zum Löffeln bieten und einen schützenden Rand haben. Für kleine Suppenkasper können Sie noch den Warmhalteteller nehmen.

Kinder brauchen Riten

Nie muß Ihr Kind in so kurzer Zeit so viel lernen wie im Kleinkindalter:

Sprechen, Verstehen, Reagieren, aufs Töpfchen gehen, Anziehen, Ausziehen – jede Fertigkeit guckt es seiner Umgebung ab, auch das Essen. Ihr Beispiel prägt die Haltung Ihres Kindes zum Essen. Durch Aufmerksamkeit und behutsames Eingreifen können Sie jetzt die Weichen für ein gesundes Eßverhalten stellen. Das kostet Zeit und Nerven, erspart Ihnen später aber manche Probleme.

- Die Mahlzeiten mit Ihrem Kind sind wichtig: Füttern Sie es nicht nebenher ab!
- Eine fröhliche Atmosphäre beim Essen macht es für das Kind zum angenehmen Ereignis.
- Der Eßplatz sollte es dem Kind leicht machen, appetitlich zu essen: Hochstuhl, Sets und Bewegungsfreiheit sind wichtig. Und ein richtiger Stammplatz!

Richtig essen lernen

- Zum Genießen gehören nicht nur Schmecken und Riechen, auch das spielerische Begreifen der Zubereitung ist wichtig: Beziehen Sie Ihr Kind in Einkauf und Kochen ein.
- Nie den Teller überladen – das »erschlägt«.
- Zwingen Sie Ihr Kind nicht zum Aufessen – das verleidet die Mahlzeit.
- Alles muß probiert werden – aber ein Kind darf dann auch entscheiden, etwas nicht zu mögen. Lassen Sie sich durch Ablehnung nicht entmutigen und probieren Sie immer wieder: Ein monotoner Speisezettel kann geradezu gesundheitsschädlich sein und der Geschmack ändert sich jetzt noch schnell.
- Braten Sie Ihrem Kleinsten keine Extrawurst: Wer nicht mit den anderen ißt, muß mit einem Brot vorliebnehmen – sonst wird der Alleingang zur Gewohnheit.
- Lassen Sie Ihr Kind selbständig werden – auch wenn das mit Kleckerei verbunden ist. Denn Essen hat immer auch »Spielqualität« – das sollten wir Großen (»mit dem Essen spielt man nicht...«) begreifen.

Wer kann wann was?

Selber essen können ist eine Kunst, die nicht nur vom Willen, sondern auch von der motorischen Entwicklung des Kindes abhängt. Die Unterschiede sind groß, hier ganz grobe Richtwerte:

- Mit 12 Monaten trinkt Ihr Kind mit Hilfe anderer aus der Tasse, hält den Löffel, ohne ihn zu benutzen.
- Mit 18 Monaten trinkt Ihr Kind allein, aber noch »kleckerig« aus der Tasse und ißt mit dem Löffel.
- Mit 2 Jahren kann es aus der Tasse trinken und mit dem Löffel essen, verlangt mit Worten nach Essen und Trinken und ahmt Sie beim Kochen nach.
- Mit 3 Jahren benutzt Ihr Kind Löffel, Gabel und Schieber, wäscht und trocknet die Hände mit Hilfe ab, »hilft« mit.
- Mit 4 Jahren hantiert es mit Löffel und Gabel, putzt sich die Zähne, wäscht sich die Hände und trocknet sie gut ab.
- Mit 5 Jahren kann Ihr Kind gut mit Löffel und Gabel umgehen, schmiert sich sein Brot selbst, kann sich selber nehmen und ist reif für die Serviette.
- Mit 6 Jahren kann es mit Messer und Gabel Fleisch schneiden, sich wirklich gut benehmen (wenn es will...), deckt den Tisch selber und kann einfache Rezepte selber »kochen«.

Wer oft seinen Eltern beim Kochen zuschaut und hilft, versucht's auch gerne am eigenen Herd.

Aber nur keine Panik, wenn Ihr Kind später dran ist. Solange Sie es ausreichend üben lassen, bestimmt es selber das Lerntempo. Für seine weitere Entwicklung ist die Entwöhnung von der Flasche ein wichtiger Schritt. Erst, wenn aus dem Säugling ein Löffeling geworden ist, geht die Sprachentwicklung gut voran. Im Laufe des 2. Lebensjahres sollten Sie die Flasche verschwinden lassen, im 3. Jahr ist der Schnuller dran!

Aber überfordern Sie sich und Ihr Kind nicht – wählen Sie ruhige Phasen für die Lösung. Bei uns war das immer ein Urlaub, in dem Flasche oder Schnuller »vergessen« und dann auch nicht mehr vermißt wurden.

Übung macht den Meister

Kleinkinder müssen und wollen lernen. Und zwar mit zunehmender Energie. Erschöpfung kennen sie nicht – und das ist gut so, denn sonst würden sie aufgeben. Für die Eltern bedeutet das Mehrarbeit, Zeit und Geduld. Wieweit sollte die Selbständigkeit gehen, um Gefahren zu begrenzen?

- Messer, Gabel und Schere dürfen schon allein benutzt werden – aber unter Aufsicht und möglichst in kindgerechter Form. So lernt das Kind früh den Umgang mit scharfen Dingen.
- Feuer, Herd, Grill, Backofen und kochendes Essen sind tabu. Gegen Ende der Kindergartenzeit können Sie aber einen Puppenkochherd anschaffen, um zusammen mit Ihrem Kind zu kochen: Er wird nicht so heiß wie die großen.
- Mithelfenlassen ist überhaupt das Zaubermittel bei großem Tatendrang. Wenn Ihr Kind weiß, daß es auch einmal zum Zuge kommt, wartet es einen Moment ab und hört auf Erklärungen.
- Geben Sie Ihrem Kind immer wieder eine Chance. Entmutigen Sie es nicht bei jedem Klecks auf dem Tischtuch, bei jedem umgeworfenen Glas – das gehört nun einmal dazu.
- Kochstunden müssen nicht auf die Weihnachtsbäckerei beschränkt werden: Müsli, Salat und Quarkspeise kann man im Sommer toll draußen zubereiten.
- Zum Essen und Kochen gehört auch das Kennenlernen unserer Nahrungsmittel: Ihr Kind kann jetzt schon »Kompetenz« beim Einkauf erwerben!

Kinder essen – auch mit den Augen

Meiner Meinung nach ist Ketchup so ein Erfolg bei Kindern, weil es knallrot ist! Noch vor Nase und Zunge spricht das Auge ein Wörtchen mit. Allerdings hat keine Mutter Zeit, stundenlang den Teller zu »stylen« – aber ein paar Grundregeln sollten Sie beachten, es spart Nerven bei Tisch.

- Kinder lieben kein Durcheinander! Halten Sie Beilagen, Fleisch und Sauce getrennt. Wenn schon Eintopf, dann ein »Extra« dazu: ein Klecks saure Sahne, Schnittlauchröllchen, ein Stich Butter.
- Achten Sie auf die farbliche Zusammenstellung: Bunte Saucen, farbiges Gemüse, dekorative Früchte, gehacktes Ei und helle Vollkornnudeln machen mehr Appetit als braunes Einerlei.
- Kinder lieben alles, was klein ist. Das beginnt bei Mini-Kartoffeln, winzigen Möhren, Kirschtomaten und endet bei Sternchennudeln.
- Obst und Gemüse haben eine natürliche Schönheit: Roh oder im Ganzen gedünstet mit Sauce und Dip machen sie Appetit.

Essen muß nicht gestylt werden, aber die eine oder andere Dekoration auf dem Teller regt den Appetit an.

Spaghetti, Pommes und sonst nichts?

Viele Kinder entwickeln früh einseitige Vorlieben und lehnen andere Nahrung strikt ab. Zu Recht machen sich die Mütter Sorgen. Denn eine einseitige Ernährung versorgt Kinder sicher nicht optimal, außerdem tut es der Tischgemeinschaft nicht gut, wenn einer ständig seine Extrawurst kriegt. Was tun? Hat sich ein Kind mit 4 Jahren schon auf seine »Diät« eingeschworen, ist es schwer, es davon abzubringen.

Führen Sie vom 1. Lebensjahr an immer mal wieder neue Gerichte ein und geben Sie nicht auf, wenn Ihr Kind eine Schnute zieht – es muß sich »einessen« in einen neuen Geschmack.

- Lassen Sie Ihr Kind drei Gerichte, die es absolut nicht mag, abwählen.
- Statt Gemüse sorgen Obst und frische Kartoffeln für ausreichend Nährstoffe. Aber versuchen Sie es immer mal wieder mit Gemüse.
- Liebt Ihr Kind Nudeln, servieren Sie ihm Vollkorn – am besten die hellen Hirsenudeln.
- Versuchen Sie Fertigprodukte durch gesunde Alternativen zu ersetzen: Ketchup, Konfitüre, Puddings und Fruchtjoghurts lassen sich frisch und gesund selber zubereiten.
- Statt Milch können Sie Joghurt, Milchmix oder Kakao anbieten – möglichst zuckerarm.
- Auf einer eisernen Regel sollten Sie bestehen: Ein Häppchen muß mindestens probiert werden.
- Das erleichtert Ihnen auch das Leben, wenn Sie mit Ihrem Kind zum Essen gehen. Nehmen Sie Lätzchen, Becher und Löffel mit. Die meisten Restaurants haben Hochstühle und Kinderkarten. Die sich allerdings meist in Spaghetti, Pommes etc. erschöpfen. Scheuen Sie sich nicht, nach Dingen zu fragen, die nicht auf der Karte stehen: Nudeln mit Sauce oder Pellkartoffeln mit Butter hat jeder Koch da.

Die ersten Feste

Irgendwann zwischen dem 3. und 5. Geburtstag wird die Familienfeier zum Kinderfest. Für Ihr Kind ist es ganz wichtig, Mittelpunkt im Kreis von Gleichaltrigen zu sein. Es entfaltet sozusagen erste gesellschaftliche Aktivitäten, es lernt eigene Freundschaften aufzubauen. Bald wird es selber Verabredungen treffen – Sie sorgen dabei für die Rahmenbedingungen. Und dazu gehört auch die Verpflegung.

- Es muß nicht immer süß sein. Pikante Sachen wie Laugenbrötchen und Pizza sind heiß begehrt.
- Richten Sie die Sachen auf einem Büffet an. Sie sollten mit Hand oder Löffel zu essen sein.
- Toll, wenn das Essen zum Spaß wird: Beim Dippen, Grillen, Angeln schmeckt's am besten.
- Streichen Sie Cola und Limo: Mineralwasser, Früchtetees oder Fruchtsaftschorle ersparen Magengrimmen, Durchfall und zusätzliche Hektik.
- Lassen Sie die Kinder erst spielen, dann essen und zum Abschluß wieder spielen.
- Beteiligen Sie Ihr Kind an der Planung: Es weiß, was gerade Mode ist und möchte natürlich seine Freunde beeindrucken. Allerdings: Kinder-Amüsement von der Stange wie in Fast-Food-Restaurants muß nicht sein.
- Nostalgische Klischees sind unnötig: Kinder können auch ohne Mohrenköpfe, Lollies und Brause glücklich sein!

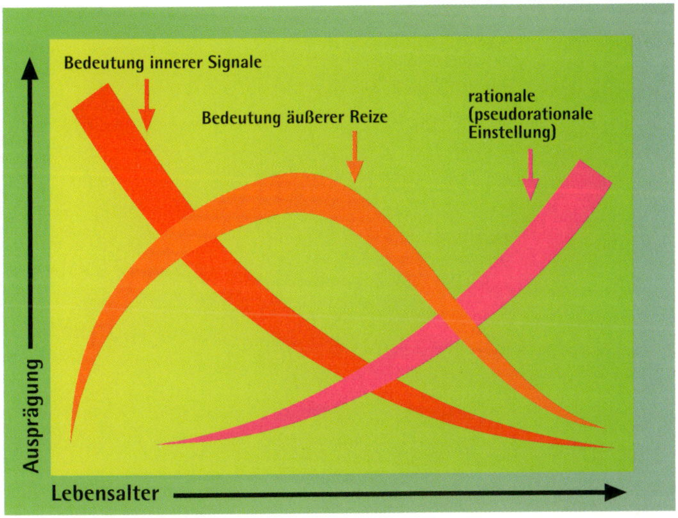

Die Kurve zeigt, welche Motive in welchem Alter unser Handeln beherrschen: Ihr Kleinkind hört noch auf seine »inneren Signale«. Diese innere Stimme wird immer leiser: Die anderen beeinflussen unser Tun. Im Alter siegt dann – hoffentlich – die Stimme der Vernunft.

Früchtefondue

- Gut vorzubereiten
- Dekorativ

Für 6 Portionen:

Für den Schokoladendip:
150 ml Vollmilch
1 TL Speisestärke
2 EL Carobpulver
1/2 TL Kakaopulver
2 EL Raspelschokolade
Für den Erdbeerdip:
100 g reife Erdbeeren
2 EL Apfeldicksaft
100 g Magerquark
Für den Nußdip:
1 Stück Würfelzucker
1 unbehandelte Zitrone
150 g Joghurt
30 g Pinienkerne
Außerdem:
1,2 kg verschiedenes Obst (Beeren, Stein- und Kernobst, Zitrusfrüchte, Kiwi, Banane, Trauben)
4 EL Zucker
200 g Sahne

Vorbereitungszeit: 40 Min.

Pro Portion ca.: 1900 kJ/455 kcal
8 g EW/24 g F/63 g KH

1 Für die Schokoladensauce 2 EL Milch mit der Stärke vermischen. Die übrige Milch mit Carob, Kakao und 1 EL Zucker verrühren und zum Kochen bringen. Die Stärke dazurühren, 1-2 Min. kochen und abkühlen lassen. Die Schokolade unterziehen, die Sauce kalt stellen.

2 Für die Erdbeersauce die Erdbeeren waschen, putzen und mit dem Apfeldicksaft, dem Quark und 1 EL Zucker pürieren. Den Quark kalt stellen.

3 Für den Nußdip mit dem Würfelzucker über die Zitrone reiben. Dann die Zitrone auspressen. Das Zuckerstück mit dem Joghurt, 1 EL Zucker und 3 EL Zitronensaft verrühren. Die Pinienkerne fein mahlen und unterziehen, kalt stellen.

4 Vor dem Essen das Obst waschen, in mundgerechte Stückchen teilen. Den restlichen Zitronensaft auf die Obstschnittstellen träufeln. Die Sahne mit einem 1 EL Zucker sehr steif schlagen, zu je einem Drittel unter jeden Dip heben. Abschmecken und mit den Früchten servieren.

Die Saucen zum Fondue: Nußdip (vorne), Schokoladendip (hinten links) und Erdbeerdip (hinten rechts)

TIP!

Sie können natürlich auch nur einen Dip machen – dann aber die Menge entsprechend erhöhen.

Apfel mit Häubchen

● Gelingt leicht
● Dekorativ

Für 12 Stück:

12 große, rechteckige Platten tiefgekühlter Blätterteig (900 g)
12 kleine, rote Boskop-Äpfel (je etwa 100 g)
Zitronensaft · 5-6 Datteln
50 g Pecannüsse · 1 Eigelb
150 g Apfel- oder Quittengelee
Puderzucker nach Belieben
Backpapier für das Blech

Zubereitungszeit: 1 Std.

Pro Stück ca.: 1514 kJ/365 kcal
4 g EW/20 g F/44 g KH

1 Die Blätterteigplatten nebeneinander auftauen lassen, dann in der Mitte teilen. Den Backofen auf 220° vorheizen. Ein Backblech mit Backpapier auslegen.

2 Die Äpfel waschen, die Kerngehäuse ausstechen. Um eine Verfärbung zu verhindern, die Schnittfläche mit Zitronensaft beträufeln. Die Datteln entsteinen, würfeln, mit Zitronensaft beträufeln. Die Nüsse in einer beschichteten Pfanne rösten, bis sie duften, hacken, mit den Datteln mischen und in die Äpfel füllen.

3 Das Eigelb verquirlen. Aus jeder Teigplatte 1 Kreis ausstechen (mit Glas oder Tasse), der einen etwas größeren Durchmesser als der Apfel hat. 12 Kreise aufs Backblech setzen. Aus den Teigresten einen schmalen Rand schneiden, auf die Kreise setzen, mit Ei bestreichen, Äpfel darauf setzen.

4 Die restlichen Kreise ebenfalls mit Ei einpinseln, auf die Äpfel setzen. Aus Teigresten Sternchen ausstechen und auf die Deckel setzen. Mit Ei bestreichen.

5 Im Backofen (Mitte, Umluft 200°) 15 Min. backen. Nach Wunsch das Apfel- oder Quittengelee erwärmen, wenn nötig mit 1 TL heißem Wasser verdünnen und das Gebäck damit dünn einpinseln, mit Puderzucker bestäuben.

TIP!

Wenn Sie die Äpfelchen als Geburtstagsgabe in den Kindergarten mitbringen, lassen Sie die Glasur weg und füllen die Äpfel nicht – dann können die Kinder sie aus der Hand essen.

Süße Minipizzen

- Dekorativ
- Gelingt leicht

Für 8 Stück:

2 EL Butter
1 Ei
200 g Mehl
1/2 Packung Trockenhefe
1 EL Zucker
1 Prise Salz
1-2 EL Milch
175 g Kirschkonfitüre
1-2 TL Zitronensaft
350 g Kirschen (oder Brombeeren)
4 Aprikosen
Backpapier für das Blech

Zubereitungszeit: 50 Min.

Pro Stück ca.: 1185 kJ/285 kcal
6 g EW/5 g F/56 g KH

1 Die Butter zerlassen, leicht abkühlen lassen und das Ei unterrühren. Mehl mit Hefe, Zucker, Salz und dem Butterei zu einem glatten Teig verkneten. Nach Bedarf noch Milch dazugeben.

2 Den Teig abdecken, an einer warmen Stelle gehen lassen, bis er sein Volumen verdoppelt hat.

3 Inzwischen Konfitüre und Zitronensaft verrühren. Die Kirschen waschen und entsteinen. Die Aprikosen waschen, halbieren und dabei den Stein entfernen. Die Hälften in etwa 1/2 cm dicke Spalten schneiden. Den Backofen auf 200° vorheizen. Ein Backblech mit Backpapier auslegen.

4 Den Teig in 8 Portionen teilen und zu Kugeln formen, auf dem Blech verteilen. Jede Kugel von innen nach außen zum Kreis drücken, den Rand etwas dicker lassen. Die Konfitüre auf den Pizzen verstreichen und das Obst darauf legen.

5 Die Obstpizzen im Backofen direkt auf dem Ofenboden (Umluft 180°) 20 Min. backen.

VARIANTE

Aus demselben Teig – aber ohne Zucker – können Sie auch pikante Pizzen backen: Mit Tomatenpüree bestreichen, mit Zucchinischeiben und Mais belegen, mit Mozzarellawürfeln bestreuen. Salami oder Schinken kommen nach dem Backen auf die heiße Pizza. Beim Kinderfest können die Kinder ihre Pizza mit vorbereiteten Zutaten selber belegen.

Spaghettitörtchen

- Für Mollige
- Ohne Milch und Ei

Für 8 Törtchen:

500 g rote Johannisbeeren (oder Rhabarber, Kirschen, Zwetschgen)
125 g Butter (oder Margarine)
150 ml Apfelsaft
2 EL Honig
350 g Weizenmehl
Fett für die Form
1-2 EL Puderzucker
1-2 Päckchen Vanillezucker
Backpapier für das Blech

Zubereitungszeit: 50 Min.

Pro Stück ca.: 1415 kJ/340 kcal
7 g EW/14 g F/51 g KH

1 Die Beeren waschen und von den Stielen streifen. (Anderes Obst waschen und putzen). Den Backofen auf 200° vorheizen. Ein Backblech mit Backpapier auslegen.

2 Das Fett mit dem Apfelsaft und dem Honig in einem Topf zugedeckt zum Kochen bringen. Das Mehl in eine Schüssel geben, die kochende Flüssigkeit dazugießen und mit einem Löffel rasch zu einem festen Teig rühren, den Teig sofort verwenden.

3 Eine Teigportion in eine Spätzle- oder Kartoffelpresse geben. Eine Portion »Spaghetti« herausdrücken, gleich auf dem Blech zu einem Nest legen. Auch in der Nestmitte sollten einige »Spaghetti« einen Boden bilden. Auf diese Weise 8 Törtchen formen. Den Teig zwischendurch immer gut abdecken, damit er nicht auskühlt und trocken wird.

4 Auf den Spaghettiböden die Beeren verteilen.

5 Die Nester im Backofen (Mitte, Umluft 180°) 20 Min. backen. Abkühlen lassen, mit einer Mischung aus Puderzucker und Vanille bestreuen.

VARIANTE

Sie können auch eine Spaghettitorte in der Pieform machen (bei 200° 30 Min. backen). Der Teig eignet sich außerdem für Obstkuchen. Sie können damit auch Äpfel im Schlafrock backen.

Geburtstagstorte

● Zum Mitnehmen
● Für Dünne

Für 1 Springform von 24 cm Ø:

200 g Butter (oder Margarine)
200 g Zucker
2 unbehandelte Zitronen
3 Eier
200 g Mehl
2 TL Backpulver
1 EL Vanillepuddingpulver
1 Orange
100 g Honig
150 g Mascarpone
2-3 EL Puderzucker
Fett und Zucker für die Form

Zubereitungszeit: 50 Min.
Backzeit: 40 Min.

Bei 16 Stück pro Stück ca.:
1235 kJ/295 kcal
3 g EW/18 g F/32 g KH

1 Fett und Zucker schaumig schlagen. Zitronen heiß waschen, Schalen abreiben, zur Hälfte unterziehen. Eier trennen, die Eigelbe unter die Zuckercreme schlagen. Zitronen auspressen, 3 EL Saft untermischen.

2 Den Backofen auf 180° vorheizen. Form fetten und zuckern. Mehl, Backpulver, Vanillepuddingpulver mischen, unter den Teig rühren. Eiweiße steif schlagen, unterziehen, den Teig in der Form verteilen.

3 Den Kuchen im Backofen (Mitte, Umluft 160°) 40 Min. backen. Kurz ruhen lassen, aus der Form nehmen und abkühlen lassen. Inzwischen die Orange auspressen, mit dem übrigen Zitronensaft durch ein Sieb gießen, mit der Hälfte des Honig verrühren.

4 Den Kuchen quer halbieren. Die Unterhälfte mit der Hälfte Saft beträufeln. Mascarpone mit dem restlichen Honig und der übrigen Zitronenschale verrühren, zu drei Vierteln auf den Boden streichen. Die obere Kuchenhälfte auflegen, mit dem restlichen Saft tränken. Die Torte hauchdünn mit dem übrigen Mascarpone einstreichen.

5 Mit dem Puderzucker die Torte rundherum überpudern. Nach Wunsch garnieren.

TIP!

Haltbarer ist die Torte, wenn Sie statt der Mascarponecreme Aprikosenkonfitüre für Füllung und Glasur verwenden und die Torte mit Zuckerguß überziehen.

Kuchen zum Sattessen

● Gelingt leicht
● Zum Mitnehmen

Der Käsekuchen schmeckt warm und kalt. Er paßt auch in eine Springform von 24 cm Ø.

Für eine eckige Auflaufform (20 x 28 cm):

125 g Dinkelmehl
60 g Butter (oder ungehärtete Margarine)
1 Prise Salz
1 EL saure Sahne (20 %)
70 g Honig · 2 Eier
150 g Quark (20 %)
150 g saure Sahne (10 %)
1/2 TL abgeriebene unbehandelte Zitronenschale
150 g Erdbeeren
1 Nektarine · Zitronensaft
Fett und Mehl für die Form

Ruhezeit: 1 Std.
Zubereitungszeit: 35 Min.
Backzeit: 50 Min.

Bei 4 Portionen pro Portion ca.:
1970 kJ/470 kcal
15 g EW/27 g F/48 g KH

1 Aus Mehl, Fett, Salz, 1 EL saure Sahne und 1 EL Honig einen Mürbeteig kneten und in Folie gewickelt mindestens 1 Std. ruhen lassen.

2 Den Backofen auf 180° vorheizen. Die Form einfetten und mit Mehl bestäuben. Eier trennen. Die Eigelbe mit Quark, saurer Sahne, Zitronenschale und 60 g Honig glattrühren.

3 Die Erdbeeren waschen, putzen, größere Früchte halbieren. Die Nektarine waschen, vierteln, Stein entfernen und das Fruchtfleisch in Segmente schneiden.

4 Den Teig in der Form ausdrücken, den Boden mit einer Gabel einstechen. Die Eiweiße steif schlagen, unter die Quarkmasse ziehen. Die Masse mit Zitronensaft abschmecken, auf dem Boden glattstreichen.

5 Das Obst in die Quarkmasse setzen und den Kuchen im Backofen (Mitte, Umluft 160°) 50 Min. backen. Vor dem Anschneiden mindestens 10 Min. ruhen lassen.

VARIANTE

Im Winter können Sie den Kuchen mit Mandarinen- und Orangenspalten, Apfel- oder Birnenschnitzen belegen oder eingeweichte Rosinen in die Quarkmasse geben.

Im Bild vorne: Kuchen zum Sattessen
Im Bild hinten: Geburtstagstorte

Fruchtiger Apfelkuchen

- Ohne Milch und Ei
- Gelingt leicht

Beide Kuchen werden auch ohne Zucker zubereitet und sind gut geeignet bei Neurodermitis.

Zutaten für 1 Springform von 26 cm Ø:

120 g getrocknete Aprikosen
175 ml Apfelsaft
125 g Margarine
75 g heller, cremiger Honig (z. B. Kleehonig)
1 Prise Salz
1/2 TL Vanille-Backaroma
250 g Mehl
1/2 Päckchen Backpulver
750 g säuerliche Äpfel
50 g Mandelstifte
Fett und gemahlene Mandeln für die Form
50 g Aprikosenkonfitüre zum Bestreichen

Zubereitungszeit: 1 Std.
Backzeit: 45 Min.

Bei 16 Stück pro Stück:
70 kJ/20 kcal
1 g EW/0 g F/3 g KH

1 Die Aprikosen grob zerkleinern, im Apfelsaft 30 Min. einweichen. Dann den größten Teil Saft abgießen, die Aprikosen mit dem restlichen Saft zusammen pürieren. Den Backofen auf 200° vorheizen. Die Form fetten und mit Mandeln ausstreuen.

2 Die Margarine mit dem Honig cremig rühren. Die pürierten Aprikosen, das Salz und das Vanillearoma dazugeben. Mehl und Backpulver vermischen und nach und nach unter die Fettmasse rühren. Den Teig in die vorbereitete Form füllen.

3 Die Äpfel waschen, schälen, vierteln, die Kerngehäuse entfernen. An der runden Seite mehrfach mit einem Messer längs einritzen. Die Viertel mit der Wölbung nach oben in den Teig drücken. Die Mandelstifte über den Kuchen streuen.

4 Den Kuchen im Backofen (Mitte, Umluft 180°) 45 Min. goldbraun backen. Den Rand lösen und den Kuchen auf einem Gitter vollständig auskühlen lassen.

TIP!

Sie können den Teig auch ohne Äpfel in der großen Kasten- oder Rodonform als trockenen Kuchen backen (1 Std. bei 200°). Dabei können noch ca. 150 g Trockenfrüchte untergearbeitet werden. Wenn Ihr Kind keine Mandeln verträgt: einfach weglassen.

Himbeertorteletts

- Ohne Milch und Ei
- Gut vorzubereiten

Zutaten für 8-10 Torteletts (10 cm Ø):

Für den Teig:
150 g Datteln
275 g Mehl
1 Prise Salz
1 Msp. Backpulver
125 g kalte Margarine
Fett und Mehl für die Tortelettförmchen
Für den Belag:
350-400 g Himbeeren
150 g rote Johannisbeeren
2 EL weißer Honig

Ruhezeit: 45 Min.
Zubereitungszeit: 1 1/2 Std.

Bei 10 Torteletts pro Stück ca.:
1100 kJ/265 kcal
4 g EW/11 g F/39 g KH

1 Die Datteln entkernen und pürieren. Aus Dattelmus, Mehl, Salz, Backpulver und Margarine einen glatten Teig kneten. Falls nötig, einige Tropfen kaltes Wasser hinzufügen, bis der Teig zusammenhält. Den Teig in Folie wickeln, 45 Min. in den Kühlschrank stellen

2 Den Backofen auf 175° vorheizen. Die Tortelettförmchen fetten, mit Mehl bestäuben. Den Teig etwa 1/2 cm dick ausrollen. Aus dem Teig Kreise von etwa 11 cm Ø ausstechen, die Förmchen mit dem Teig auslegen.

3 Die Torteletts im Backofen (Mitte, Umluft 160°) 20 Min. backen. Aus dem Ofen nehmen, einige Minuten ruhen lassen, dann auf ein Kuchengitter stürzen und vollständig auskühlen lassen.

4 Für den Belag die Beeren waschen, putzen und abzupfen. 75 g Himbeeren mit den Johannisbeeren pürieren, 2-3 Min. im Blitzmixer schlagen, mit Honig recht süß abschmecken und 30 Min. kalt stellen. Die Masse in die Torteletts verteilen und die restlichen Himbeeren in das Mus setzen.

TIP!

Für den Belag eignen sich alle weichen Obstsorten wie Pfirsich, Beeren, Birnen, Melonen. Sie können statt Fruchtmus auch fertigen Fruchtaufstrich auf die Böden streichen und dann belegen.
Die Torteletts können Sie ohne Füllung im Kühlschrank aufbewahren.

Im Bild vorne: Himbeertorteletts
Im Bild hinten: Fruchtiger Apfelkuchen

Kleine und große Probleme

Je älter Ihr Kind ist, desto selbständiger wird es. Meist genießen wir das – doch der stärkere Wille macht uns manchmal zu schaffen. Denn auch die äußeren Einflüsse werden stärker. Das sollten wir einkalkulieren und positiv einbeziehen – nicht etwa bekämpfen. Hier ein paar Tips für typische Problemfälle.

Abschied vom Nuckeln

Nach dem 2. Geburtstag wird die Flasche eingemottet! Sie dient jetzt nur noch Ihrer Bequemlichkeit, Ihr Kind braucht sie nicht mehr, sie schafft nur Probleme:

- Karies durch Dauernuckeln, selbst wenn nur Wasser drin ist.
- Zuviel Flüssigkeit und zu wenig feste, abwechslungsreiche Kost.
- Ihr Kind gewöhnt sich daran, immer, wenn es Trost braucht, etwas zu sich zu nehmen – das kann später Probleme geben.
- Verzögerung der weiteren Entwicklung: Flasche bedeutet Babystatus – und den dokumentiert Ihr Kind seiner Umwelt gegenüber.
- Wer nuckelt, kann nicht sprechen...
- Zum Trost: Den Schnuller können Sie Ihrem Kind etwas länger lassen – aber nur im Bett!

Das Drama vor der Kasse

Jede Mutter weiß, wovon ich rede: Schokolade, Kaugummi und ähnliche Köstlichkeiten sind just da aufgebaut, wo sich Kinderaugen und -hände befinden und wo wir nicht weglaufen können – im Laden an der Kasse.

- Wer einmal nachgibt, hat verloren – sagen Sie konsequent nein.
- Besprechen Sie die Sache vorher – das nimmt dem Kampf die Spitze.
- Gehen Sie nie mit einem hungrigen Kind einkaufen. Apfel, Banane oder Brotscheibe in der Hand macht zufriedener.
- Selbst Kinder konsequenter Mütter sind hartnäckig. Erwarten Sie also keine Erziehungswunder. Ablenken und Ruhe helfen die »Krise« zu überstehen.
- Der eigentliche Übeltäter ist natürlich der Kaufmann und nicht Ihr Kind. Vielleicht können Sie mit einer Initiative aller Eltern der Umgebung ein Umdenken im Supermarkt erreichen.

Das süße Besucher-Problem

Würden meine Kinder alle Schokoladentafeln, Gummibärchen und Lollis vertilgen, die sie zugesteckt bekommen, dann wäre sicher eine Hauptmahlzeit überflüssig.

- Jedem Kind seine Schatztruhe – außer Reichweite. Ab und zu darf genascht werden. Leer ist die Truhe nie – das zu wissen reicht meist schon aus.
- Alternativlösung: Jeden Sonntag die Schatztruhe nach dem Frühstück unbegrenzt plündern.
- Halten Sie Ihre Anstandsbegeisterung und die Ihrer Kinder in Grenzen: Wer Süßes nicht mag, darf das sagen!
- Bei häufigen Besuchern kommen Sie um ein Grundsatzgespräch nicht herum. Mögliche Alternativen zu Süßem: Seifenblasen, Luftballons, Obst, Bretzelchen, Nüsse – oder eine Portion Extra-Zeit für die Kinder.

Kind, trink nicht soviel

... das haben wir früher zur Genüge gehört. Dabei trinken die meisten Kinder zu wenig. Ausnahme: Kleinkinder, die die Flasche als Schnullerersatz im Übermaß konsumieren. Richtig ist: Wenn sich Kinder von süßen Säften ernähren, geht das auf Kosten gesünderer Lebensmittel. Doch Wasser und ungesüßte Tees darf ein Kind aus dem Becher trinken, soviel es will. Milch ist wichtig, aber ein Nahrungsmittel. Mehr als 1/2 Liter täglich ist zuviel!

- Beeren, Trauben und Steinobst sollten nicht heruntergespült werden – das verdünnt die Magensäure, die mit den vielen Keimen auf der großen Fruchtoberfläche nicht mehr fertig wird: Es kommt zu Blähungen.
- Manchmal vergessen Kinder beim Spielen das Trinken – bieten Sie zwischendurch etwas an.

Wenn das Bett schwimmt

... muß die Ursache nicht das Trinken sein. Im Kindergartenalter ist Einnässen ab und zu völlig normal. Trotzdem können Sie Ihrem Kind das Trokkenbleiben erleichtern:

- Nachmittags mehr trinken, dann ist der Durst abends nicht so groß.

Ab und zu sind Süßigkeiten erlaubt, denn Ihr Kind soll auch bewußt genießen können – am besten nach dem Essen und vor dem Zähneputzen.

Süßigkeiten und salziges Knabberzeug nachmittags lassen ebenfalls den Getränkekonsum ansteigen.

- Geben Sie abends keine Milch, die leicht harntreibend wirkt, sondern Wasser.
- Kommt Ihr Kind immer übermüdet in die Federn, wacht es vor lauter Erschöpfung nicht auf, wenn es »muß«. Lieber rechtzeitig und ohne Hektik den Tag ausklingen lassen.
- Trinken ist nie der Grund fürs Einnässen – schränken Sie es also nicht allgemein ein, sondern versuchen Sie den wirklichen Gründen auf die Spur zu kommen. Viele Krankenhäuser bieten Kindersprechstunden in der Urologie an. Ihr Kinderarzt weiß darüber sicher Bescheid.

»Fresser« werden nicht geboren

... sondern gemacht! Denn ein Kind hat von Natur aus ein Gefühl für Hunger und Sättigung. Ruhige Kinder benötigen weniger als kleine Quirle. Es gibt gute und schlechte Futterverwerter. Vergleichen Sie das Gewicht Ihres Kindes mit unserer Grafik (Seite 5). Besprechen Sie eine eventuelle Gewichtskontrolle vorher mit dem Arzt – damit auch nichts übertrieben wird.

- Lieber kleine Portionen auf den Teller geben.
- Zeit zum Essen ist wichtig. Beim hastigen Schlingen bemerkt Ihr Kind oft zu spät, daß es eigentlich schon satt war.
- Essen sollte an Mahlzeiten gebunden sein.
- Gegen Durst gibt's Wasser oder ungesüßten Tee.
- Auf wenig Kalorien, viel wertvolle Nährstoffe achten. Das bedeutet: Leere Kohlenhydrate wie Limo, Säfte, Süßigkeiten streichen, Fett in jeder Form sparen und reichlich Gemüse, Obst, Kartoffeln, Teigwaren und Brot auftischen. Fettarme (1,5 %) Milch und Milchprodukte, fettarme Hartkäse, Fisch und Geflügel in den Speiseplan einbauen.
- Wichtig: Ihr Kind darf nicht hungern. Ein Riesensalatteller mit leichtem Dressing als Vorspeise oder Obstsalat (und alles hübsch dekoriert) läßt keine traurigen Gedanken aufkommen. Nicht extra kochen, sondern fürs Kind abwandeln oder »mitdiäten« – das tut allen gut.
- Motivieren Sie Ihr Kind zum Mitmachen – nur so haben Sie Erfolg. Eine Gewichtskurve, wo die Erfolge eingetragen werden, macht Spaß.
- Sport und körperliche Aktivitäten unterstützen das Abnehmen. Wenn Ihr Kind beweglicher wird, bekommt es auch Spaß an körperlicher Bewegung.

Meine Suppe eß' ich nicht!

Ihr Kind ißt nicht? Gedeiht es dabei, besteht kein Grund zur Sorge. Doch Untergewicht bei Kindern kann negative Folgen haben. Was tun mit »Kümmerlingen«?

- Beobachten Sie, was schuld sein kann: Müdigkeit, Nervosität, Schluckbeschwerden, verstopfte Nase. Wer die Ursachen kennt, kann helfen.
- Saucen und Sahnekleckse erleichtern Schlucken und Kauen.
- Snacks aufs zweite Frühstück und den Nachmittag beschränken.
- Nur kleine Portionen auf den Teller geben – so hat das Kind Erfolgserlebnisse. Mit der Zeit darf es sich selber nehmen.
- Das Essen für magere Kinder muß reich an Vitaminen, Mineralen und Kalorien sein. Milchprodukte mit natürlichem Fettgehalt, gute Öle, Nüsse und Hartkäse liefern viel Energie und brauchen wenig Platz im Magen. Joghurt und Saucen können Sie mit Honig und Fruchtmark oder Öl und gemahlenen Nüssen aufmöbeln.
- Kinder, die wenig essen, müssen mehr trinken: Es entgeht ihnen die Flüssigkeit, die auch in fester Nahrung enthalten ist. Außerdem rutscht das Essen mit Flüssigkeit besser.
- Beteiligen Sie Ihr Kind am Speisezettel und Einkauf. Kochenhelfen macht Appetit.
- Gesellschaft beim Essen wirkt Wunder: Laden Sie Freunde ein. (Und sorgen Sie für Geschwister...)

Heikle Kinder können den Familienfrieden massiv stören. Auf keinen Fall darf Essen Hauptthema werden; vielleicht helfen aber ein paar Tricks!

- Essen ist nicht Thema Nr. 1 zwischen Mutter und Kind! Und bitte keine Machtkämpfe – da ziehen wir Größeren sowieso den Kürzeren.

Allergien und Unverträglichkeiten

Noch nie gab es so eine Nahrungsvielfalt wie heute. Dazu kommen Zusatzstoffe aller Art. Und die Luft, die Textilien, die Reinigungsmittel, das Wasser. Alles in allem eine Reizflut, auf die viele Kinder irgendwann reagieren. Übrigens: Die häufigsten Allergene sind ganz normale Stoffe wie Hühner- und Milcheiweiß und Apfel! Sie finden deshalb viele Rezepte ohne Milch und Ei in diesem Buch.

- Wenn Sie das Allergen finden und meiden, ist das Problem gelöst – alle Symptome verschwinden. Im Reformhaus gibt es eine Suchkost mit Rezepten, die allergenarm beginnen und mit Zutaten langsam aufbauen. Das war möglich, weil alle Hersteller ihre Rezepturen offenlegten! (Listen mit allen ei- und milcheiweißfreien Produkten liegen aus.)
- Im Extremfall müssen Sie mit Ihrem Kind eine Klinik aufsuchen. Adressen erhalten Sie beim Allergiker- und Asthmatikerbund (Seite 62).
- Lebensmittelallergien und -unverträglichkeiten verschwinden oft nach einigen Jahren, wenn das Allergen gemieden wird. Also: Nach 1–2 Jahren einen Versuch starten.
- Die Heftigkeit allergischer Erscheinungen ist vom Allgemeinzustand abhängig – ein ausgeruhtes, gesundes Kind ist weniger anfällig.
- Wer Allergien vorbeugen will: Halten Sie Ihr Leben möglichst frei von unnötigen Zusatzstoffen, ernähren Sie die Kinder in den ersten Jahren simpel: einfache, einheimische Zutaten der Saison.

Neurodermitis

Dieses juckende Ekzem ist eine erbliche Erkrankung, die auch von Psyche und Umwelt beeinflußt werden kann. Urlaub an der See und in den Bergen bringt oft Besserung.

- Auch eine »Diät« führt in vielen Fällen zum Rückgang der Ausschläge (Gelsenkirchener Behandlungsverfahren, Prof. Stemman, Seite 62). Es handelt sich im Prinzip um eine Vollwertkost: Raffinierte Lebensmittel mit Zucker und Weißmehl und Fertigprodukte sind gestrichen.
- Omega-3-Fettsäuren haben eine positive Wirkung. Sie sind in Meeresfischen enthalten oder als Präparat in der Apotheke erhältlich.
- Sind die Symptome leicht, sollten Sie die Erkrankung nicht ins Bewußtsein des Kindes rücken. Die Diät wäre dann eine stärkere Belastung als die Juckstellen. Mehr Informationen über diese Krankheit, über Diäten und Behandlungsmethoden erhalten Sie beim Bundesverband Neurodermitiskranker (Seite 62).

Zappelphilipp-Diät?

Hyperaktivität bei Kindern ist eine Krankheit. Über Ursachen wird noch gerätselt. Eine Hypothese macht den zunehmenden Gehalt an Phosphaten und Zusatzstoffen in der Nahrung dafür verantwortlich. Diese Theorie hat sich noch nicht bestätigt.

- Phosphat im Übermaß verschlechtert die Calciumaufnahme und damit den Knochenaufbau. Außerdem ist Junk Food (von Hamburger über Currywurst bis Chips und Riegel) nährstoffarm und reich an Salz, Zucker, Fett und Zusatzstoffen. Eine gesunde vielseitige Ernährung, wie ich sie vertrete, hilft Ihrem Kind sicher.

Hypercholesterinämie

Dieser komplizierte Ausdruck bezeichnet eine erbliche Fettstoffwechselstörung. Dabei kommt es bereits im Kleinkindalter zu Arteriosklerose, und das Risiko einer Herz-Kreislauferkrankung steigt. Kommen in der Familie öfter Herz-Kreislauferkrankungen und erhöhter Cholesterinspiegel vor, sollten Sie Ihr Kind untersuchen lassen.

- Eine Reduktion des Fettanteils in der Nahrung ist wichtig. Also: Weniger fette Milchprodukte, Ei, Fleisch- und Wurstwaren sowie Butter essen, statt dessen Pflanzenfett wie Margarine, Öle, Nüsse und Fisch.
- Ballaststoffe senken den Cholesterinspiegel. Haferkleie ist besonders wirkungsvoll und wird zu Cerealien verarbeitet, die Kindern schmecken.

Hohes Fieber – dicker Hals: nichts schmeckt

Klar: Wenn der Körper mit den »Krankheitstierchen« kämpft, hat er keine Zeit, sich um Hunger und Sättigung zu kümmern. In der heißen Phase des ersten Fiebers ist das Trinken sehr wichtig.

- Ein fieberndes Kind hat einen erhöhten Flüssigkeitsbedarf, ist aber oft zu schwach zum Trinken. Sorgen Sie dafür, daß ständig ein frisches Getränk bereitsteht und flößen Sie ihm viertel- bis halbstündlich etwas ein. Neben Tee (Seite 58) ist Zitronenwasser oder frisch gepreßter, 1:1 mit Wasser verdünnter Orangensaft günstig.
- Sind die Atemgänge verschleimt, keine Milch geben: Sie erhöht die Schleimbildung.
- 1-2 Tage sollte der Körper nicht mit zuviel Nahrung – vor allem nicht mit Eiweiß und Fett – belastet werden. Zwingen Sie Ihr Kind nicht zum Essen. Nur, wenn die Krankheit länger dauert, sollten Sie es behutsam füttern – sonst baut es ab. In der Rekonvaleszenz ist Aufbaukost sehr wichtig:
- Kochen Sie konzentrierte Kost als Süppchen und Brei: Das versorgt mit Flüssigkeit und strengt das Kind nicht an.
- Ergänzen Sie dieses Kraftfutter mit frischem Obst, schonend zubereitetem Kompott, Joghurt mit Obstmus und Sahne – und Eiscreme.
- Versuchen Sie, die kleinsten Wünsche aufzuspüren, richten Sie die Speisenappetitlich an, füttern Sie auch größere Kinder, nehmen Sie sich so richtig Zeit. Vor allem: kleine Portionen immer frisch zubereiten – nicht stehenlassen.
- Vermeiden Sie Süßigkeiten, die nur füllen, ohne dem Körper die jetzt so nötigen Nährstoffe zu geben, scharfe, gewürzte und trockene Gerichte. Kurz: alles, was Eßmühe macht oder dem Kind nicht schmeckt!

Wer krank ist, hat meist auch keinen Appetit. Zwingen Sie Ihr Kind nicht zum Essen, aber bieten Sie ihm immer wieder appetitlich angerichtete, der Krankheit entsprechende, Gerichte an.

Wenn das Kind nichts bei sich behält

Durchfall und Erbrechen kommen bei kleinen Kindern häufiger vor. Oft handelt es sich um eine spontane Reaktion des Körpers auf zuviel oder unverträgliches Essen, Aufregung, Überanstrengung oder auf ein Allergen. Versuchen Sie, den Ursachen auf die Spur zu kommen. Sind sie harmlos, geben Sie 1–2 Stunden nichts zu essen, nur bei Durst schwarzen, verdünnten Tee, Fencheltee oder verdünnte Fruchtsäfte geben. Sie merken schnell, ob das Kind mehr verträgt. Geben Sie ihm als erste Mahlzeit einen Zwieback zu knabbern oder Salzstangen. Achten Sie am folgenden Tag auf leicht verdauliche fettarme Kost – dann gibt's keinen Rückfall. Anders, wenn Erbrechen und Durchfall anhalten: Ihr Kind verliert dann zuviel Wasser und Salze – es ist schnell vom »Austrocknen« bedroht. Was tun?

- Zunächst darf Ihr Kind nichts mehr essen, denn sein Verdauungssystem muß zur Ruhe kommen.
- Der Verlust an Flüssigkeit und Salzen muß ersetzt werden durch Magen-Darm-Tee (Rezept Seite 58) oder Oral-Pädon aus der Apotheke. Stellen Sie den Tee in Reichweite und sorgen Sie dafür, daß das Kind trinkt – auch nachts. Behält es auch den Tee nicht bei sich, sofort den Arzt rufen.
- Stabilisiert sich der Zustand, am zweiten Tag mit geriebenem Apfel be-

ginnen, der das Wasser im Darm bindet.

- Im Laufe des zweiten oder dritten Tages auf Reis- oder Haferschleim umstellen.
- Danach Schonkost geben: Pürierte Kartoffeln oder Möhren, Bananenmus, altbackenes Weißbrot und Magerquark sind gut verträglich.
- Danach Schonkost geben: Pürierte Kartoffeln oder Möhren, Bananenmus, altbackenes Weißbrot und Magerquark sind gut verträglich.
- In leichten Fällen wirkt eine Kombination von Salzstangen und Coca-Cola stopfend. Das Coffein in der Cola regt den Kreislauf an – nur die Kohlensäure sollten Sie heraussprudeln.

Ganz wichtig ist es, daß ein Kranker genug trinkt. Bei Fieber und Durchfall verliert der Körper viel Flüssigkeit. Deshalb immer ein Getränk ans Bett stelllen und darauf achten, daß Ihr Kind auch trinkt.

Was tun bei Verstopfung?

Manches Kind neigt von klein auf dazu, bei einem anderen wird es zur Gewohnheit: Es unterdrückt den Stuhl, weil es weiterspielen will, ein »Pfropf« entsteht, tut dann schließlich auf dem Klo weh, das Kind hält zurück – und so weiter. Aber auch lange Bettlägrigkeit, eine Nahrungsumstellung oder schokoladenreiche Zeiten wie Weihnachten und Ostern können längere Darmträgheit auslösen. In allen Fällen muß der Stuhl weich werden, damit das Kind wieder normal aufs Klo gehen kann und sich keine Folgekrankheiten ergeben.

- Nüchtern 1 Glas Wasser mit 1 EL Milchzucker trinken.
- Zwischendurch Dörrpflaumen oder Apfelringe knabbern, viel trinken.
- Konzentrierte Nahrung wie Schokolade, Zucker, Fett, Weißmehlprodukte weglassen. Statt dessen ballaststoffreiches Vollkornbrot, Sauermilchprodukte mit etwas gelbem Leinsamen, Müsli und rohes Obst und Gemüse anbieten.
- Bewegung bringt die Verdauung in Schwung. Also: hopsen, turnen, laufen – nur nicht hocken!
- In regelmäßigen Abständen auf die Toilette gehen – auch wenn das Kind gerade nicht »muß«.
- Abführmittel sind tabu: Sie schädigen die Darmflora, wertvolle Nährstoffe gehen verloren – das Problem wird chronisch.

Eßstörungen

Eßstörungen können in seltenen Fällen schon im Kleinkindalter beginnen: Verweigern von Nahrung, willentliches Erbrechen, Essen von nicht Eßbarem oder unmäßiges Essen sind Zeichen psychischer Erkrankungen. Der Kinderarzt ist in diesem Fall der erste Gesprächspartner und sollte über eine weitere Therapie entscheiden.

Tomatenreis

- Ohne Milch und Ei
- Gelingt leicht

Für 4 Portionen:

1 Zwiebel
1 Knoblauchzehe
500 g Tomaten
300 g Lammfleisch
2 EL Olivenöl
Salz · Pfeffer
1 TL Paprikapulver, edelsüß
275 g Rundkornreis
1 l Tomatensaft
2 EL gehackte Petersilie

Zubereitungszeit: 1 Std.

Pro Portion ca.: 1975 kJ/475 kcal
17 g EW/17 g F/63 g KH

1 Zwiebel und Knoblauch schälen, fein würfeln. Tomaten überbrühen, schälen und grob hacken. Das Fleisch sehr klein schneiden.

2 Das Öl in einer breiten Pfanne erhitzen. Zwiebeln andünsten. Fleisch dazugeben, salzen und pfeffern, braun braten, dann Paprika hinzufügen.

3 Den Reis einige Minuten mitbraten. Nach und nach den Tomatensaft angießen und 20 Min. bei mittlerer Hitze garen. Tomatenstücke und Petersilie darin heiß werden lassen.

Im Bild vorne: Polenta
Im Bild hinten: Tomatenreis

Polenta

- Ohne Milch und Ei
- Braucht etwas Zeit

Beide Rezepte sind gut bei Neurodermitis.

Für 4 Portionen:

40 g Sonnenblumenkerne
250 g Kohlrabi
125 g Möhren
1 Bund Frühlingszwiebeln
3-4 EL Olivenöl
300 g Maisgrieß (Polenta)
3/8 l Gemüsebrühe
Salz · Pfeffer

Zubereitungszeit: 1 1/4 Std.

Pro Portion ca.: 1950 kJ/465 kcal
11 g EW/13 g F/78 g KH

1 Sonnenblumenkerne in einer trockenen Pfanne rösten. Gemüse waschen und putzen, Kohlrabi und Möhren grob raspeln. Frühlingszwiebeln in Ringe schneiden.

2 1 EL Olivenöl in einer Pfanne erhitzen, Gemüse andünsten, Maisgrieß dazugeben, mit Gemüsebrühe ablöschen, 5 Min. köcheln lassen. Sonnenblumenkerne unterziehen, salzen und pfeffern.

3 Maisgrieß etwa 2 cm hoch auf ein Brett streichen, fest werden lassen. Den Grieß stürzen, in Scheiben schneiden, in einer beschichteten Pfanne im restlichen Olivenöl goldbraun braten.

M-M-Sauce

- Ohne Milch und Ei
- Schnell

Wer an Neurodermitis leidet, sollte diese beiden Rezepte ausprobieren.

Für 4 Portionen:

70 g Mandeln
600 g junge Möhren
1 Zwiebel
2 EL ungehärtete Margarine (oder Öl)
1/8 l Gemüsebrühe
Salz · Pfeffer
1 Apfel

Zubereitungszeit: 25 Min.

Pro Portion ca.: 800 kJ/190 kcal
4 g EW/10 g F/23 g KH

1 Mandeln in wenig Wasser zum Kochen bringen, ziehen lassen, abschrecken und aus der Schale drücken. Die Möhren waschen, putzen, in Scheiben hobeln. Die Zwiebel schälen und in Würfel schneiden.

2 Die Margarine in einem Topf erhitzen. Zwiebeln, Mandeln und Möhren andünsten, Brühe angießen würzen und 10 Min. bei mittlerer Hitze garen.

3 Den Apfel waschen, schälen, ohne das Kerngehäuse kleinschneiden, kurz mitgaren. Alles sehr fein pürieren, mit Salz und Pfeffer abschmecken.

Wokgemüse

- Ohne Milch und Ei
- Vegetarisch

Für 4 Portionen:

200 g Hirse
400 ml Gemüsebrühe
250 g Möhren · 1 Kohlrabi
250 g Broccoli
250 g Zuckererbsen (oder tiefgekühlte Erbsen)
1 Bund Schnittlauch
3-4 EL neutrales Öl
Sojasauce · Pfeffer
2-3 EL Zitronensaft

Zubereitungszeit: 35 Min.

Pro Portion ca.: 1680 kJ/400 kcal
15 g EW/13 g F/60 g KH

1 Hirse mit der Brühe aufkochen, 20 Min. bei schwacher Hitze quellen lassen.

2 Inzwischen Gemüse waschen und putzen. Broccoliröschen abtrennen. Stiele, Möhren und Kohlrabi schälen, in Streifen, Schnittlauch in Ringe schneiden.

3 Öl im Wok erhitzen, Möhren und Kohlrabi 4 Min. anbraten. Broccoli und Zuckererbsen 3 Min. mitgaren. Die Hirse noch 3 Min. darin garen, mit Sojasauce, Pfeffer, Schnittlauch und Zitronensaft abschmecken.

Im Bild vorne: M-M-Sauce
Im Bild hinten: Wokgemüse

Tee

● Gut vorzubereiten
● Schnell

Zuerst Tee und dann eine leichte Diätkost (rechts und auf Seite 58) sind das Richtige bei Magen-Darm-Infekten.

Für 1 l Flüssigkeit:

1 TL schwarzer Tee
1 TL getrocknete Brombeerblätter · 1 Prise Salz
1 Prise Kaliumchlorid (Apotheke)
2–3 EL Traubenzucker
2 Orangen

Zubereitungszeit: 12 Min.

Ca.: 960 kJ/230 kcal
2 g EW/1 g F/54 g KH

1 3/4 l Wasser zum Kochen bringen. Die Tee- und Brombeerblätter in einer großen Kanne überbrühen und 8 Min. ziehen lassen.

2 Durch ein Haarsieb gießen. Salz, Kaliumchlorid und Traubenzucker im Tee auflösen.

3 Orangen auspressen, Saft durch ein Sieb in den Tee gießen und kalt stellen.

TIP!

Bei Erbrechen, Durchfall oder auch Fieber ist eine ständige Flüssigkeitszufuhr wichtig. Dabei müssen Salze ersetzt und Energie in Form von Traubenzucker zugeführt werden. Gleichzeitig sollte das Getränk beruhigend auf die Verdauungsorgane wirken. Brombeerblätter wirken stopfend. Bei verdorbenem Magen ersetzen Sie diese durch Pfefferminze oder Fenchelsamen. Der Tee sollte kalt getrunken werden.

Apfel mit Kartoffelschnee

● Vegetarisch
● Gelingt leicht

Für 1 Portion:

1 Apfel (Delicious)
200 g mehligkochende Kartoffeln
100 g Buttermilch
1 gute Msp. Salz

Zubereitungszeit: 30–40 Min.

Pro Portion ca.: 890 kJ/215 kcal
7 g EW/1 g F/45 g KH

1 Den Apfel waschen, schälen, auf einer Handreibe fein raspeln und sofort zu essen geben, während Sie den Kartoffelschnee zubereiten.

2 Die Kartoffeln waschen, mit der Schale in 20–30 Min. gar kochen.

Die Kartoffeln pellen und durch die Kartoffelpresse drücken. Das Kartoffelmus mit der Buttermilch und dem Salz cremig rühren. Wenn nötig, nochmals kurz erhitzen.

TIP!

Geriebener Apfel ist die erste feste Kost, die nach einer Teepause gegeben werden kann. Sein Pektin bindet die Flüssigkeit im Darm. Delicious wird nicht so schnell braun – dann sieht es appetitlicher aus und schmeckt dem kranken Kind besser.

Porridge

- Schnell
- Gelingt leicht

Für 1 Portion:

1 Msp. Fleischextrakt (ersatzweise 1/2 TL Sojasauce)
2 EL zarte Haferflocken

Zubereitungszeit: 5 Min.

Ca.: 100 kJ/25 kcal
1 g EW/0 g F/5 g KH

1 1/4 l Wasser mit dem Fleischextrakt zum Kochen bringen.

2 Die Haferflocken einstreuen, unterrühren und bei schwacher Hitze 3 Min. kochen lassen, bis sie weich sind.

TIP!

Haferflocken wirken stopfend. Bei Durchfall und Erbrechen muß der Brei ohne Fett zubereitet werden.
Sie können die Haferflocken auch durch Reisflocken ersetzen und statt der Würze einfach 1 Prise Salz mitkochen.

Kartoffel-Möhren-Suppe

- Preiswert
- Gut vorzubereiten

Für 2 Portionen:

200 g mehligkochende Kartoffeln
Salz
200 g Möhren
1-2 TL Zitronensaft
Sojasauce

Zubereitungszeit: 30 Min.

Pro Portion ca.: 405 kJ/95 kcal
2 g EW/0 g F/23 g KH

1 Die Kartoffeln waschen, in der Schale in wenig Salzwasser gar kochen.

2 Inzwischen die Möhren waschen, schälen und kleinschneiden. 1/4 l Wasser mit 1/2 TL Salz zum Kochen bringen, die Möhren darin zugedeckt bei mittlerer Hitze in 20 Min. gar kochen.

3 Die Suppe mit einem Pürierstab fein pürieren. Die Kartoffeln pellen und durch die Kartoffelpresse in die Suppe drücken. Mit dem Zitronensaft und der Sojasauce abschmecken.

TIP!

Kartoffeln und Möhren enthalten Faserstoffe, die wie beim Apfel die Flüssigkeit im Darm binden und so den Durchfall zum Stillstand bringen. Gleichzeitig versorgen sie den Körper mit wichtigen Mineralstoffen, Vitaminen und leicht verdaulichen Kohlenhydraten – das baut auf.

Frucht-eiscreme

● Gut vorzubereiten
● Braucht etwas Zeit

Wer Halsweh hat, verträgt sicher trotzdem das folgende Gericht.

Für 4 Portionen:

- **100 g frische Beeren (Erd-, Johannis-, Him- oder Blaubeeren, ersatzweise tiefgefrorener Beerencocktail)**
- **1 Orange**
- **3 EL Apfeldicksaft**
- **1 ganz frisches Eigelb**
- **125 g Crème double**

Zubereitungszeit: 15 Min.
Gefrierzeit: 6 Std.

Pro Portion ca.: 555 kJ/130 kcal
2 g EW/9 g F/11 g KH

1 Die Beeren waschen, verlesen oder auftauen lassen und durch ein grobes Sieb streichen.

2 Die Orange halbieren und auspressen.

3 Den Dicksaft mit dem Eigelb cremig schlagen, den Orangensaft, das Beerenmark und die Crème double unter die Masse ziehen.

4 Die Masse entweder in eine Gefrierbox oder in Stieleisförmchen füllen, ins Gefrierfach stellen und über Nacht gefrieren lassen.

Joghurt-Obstspeise

● Für Dünne
● Schnell

Auch dieses Gericht rutscht bestimmt trotz Halsschmerzen.

Für 1 Portion:

- **100 g Joghurt**
- **2 EL Crème double**
- **1 TL Hefeflocken**
- **3 Datteln**
- **2 Mandarinen**
- **1 Banane**
- **2 EL Zitronensaft**

Zubereitungszeit: 10 Min.

Ca.: 1195 kJ/285 kcal
6 g EW/7 g F/56 g KH

1 Den Joghurt mit der Crème double und den Hefeflocken cremig rühren.

2 Die Datteln von der Haut befreien, entsteinen und fein hacken. Die Mandarinen schälen und die Segmente häuten oder zumindest von den weißen Fädchen befreien. Beides unter den Joghurt mischen.

3 Die Banane schälen, mit dem Zitronensaft pürieren und unter den Joghurt ziehen.

Kraft-Salat

● Vegetarisch
● Preiswert

Der Salat hat viele Vitamine und ist, wie die anderen drei Gerichte, gut geeignet als Aufbaukost.

Für 1 Portion:

- **1 Möhre**
- **4 Kirschtomaten**
- **3 Blätter Eisbergsalat (oder Feldsalat oder Rucola)**
- **1 Scheibe junger Gouda (40 g)**
- **2 EL saure Sahne (10 %)**
- **1 EL Öl**
- **Salz**
- **Pfeffer**
- **2 EL Kresse (oder gehackte Kräuter)**
- **1 EL gehackte Nüsse**

Zubereitungszeit: 15 Min.

Ca.: 1550 kJ/370 kcal
14 g EW/30 g F/15 g KH

1 Den Salat waschen und abtropfen lassen. Den Salat fein nudelig schneiden. Die Möhre schälen und raspeln. Die Tomaten halbieren und den Käse in Würfelchen schneiden.

2 Aus saurer Sahne, Öl, Salz, Pfeffer und den gehackten Kräutern das Dressing rühren, mit dem Salat vermischen und mit den Nüssen bestreuen.

Himbeermix

● Gelingt leicht
● Für Mollige

Bei »dickem Hals« ist der Mix eine leichte, »rutschige« Mahlzeit.

Für 1 Portion:

- **150 g Buttermilch**
- **100 g frische oder gefrorene Himbeeren**
- **1 EL Hefeflocken**
- **1 EL Weizenkeime**
- **1 TL Honig**
- **1 TL gemahlene Mandeln**

Zubereitungszeit: 5 Min.

Ca.: 800 kJ/190 kcal
12 g EW/4 g F/32 g KH

1 Die Buttermilch mit allen Zutaten in einen Mixer geben und kräftig durchmixen. Mit Strohhalm servieren.

VARIANTE

Probieren Sie auch einmal einen Mix mit geriebenem Apfel, etwas Zitronensaft, Honig und Kokosraspeln. Oder Vollmilch mit 1 TL Honig, 1 TL Hagebuttenmark und 20 g fein gemahlenen Mandeln.

Im Bild vorne: Frucht-eiscreme
Im Bild Mitte: Joghurt-Obstspeise
Im Bild hinten links: Himbeermix
Im Bild hinten rechts: Kraft-Salat

AUTO
RELAY
24 HOURS TOWING

Rezeptregister

Äpfel
Apfel mit Häubchen 43
Apfel mit Kartoffelschnee 58
Apfelpfannkuchen 34
Fruchtiger Apfelkuchen 48
Rübli-Apfel-Kuchen 19

Brot am Spieß 16

Cremige Erbsensauce 29

Erbsen: Cremige Erbsensauce 29
Erdbeerdip 42

Flädle-Rüblisuppe 23
Flockenmüsli 11
Frische Tomatensauce 29
Früchtefondue 42
Fruchteiscreme 60
Fruchtiger Apfelkuchen 48
Früchtetee (Tip) 16
Frühstücksgrütze 15

Gebratener Reis 32
Geburtstagstorte 46
Gemüsebouillon 23

Häppchen mit Obst 15
Himbeertorteletts 48
Hirsespätzle 28

Joghurt-Obstspeise 60

Kartoffeln:
Kartoffel-Möhren-Suppe 59
Kartoffelschnee 58
Kartoffelsuppe 22
Sahniges Kartoffelpüree 28
Tigerkartoffel 26
Zucchini-Kartoffelpuffer 26
Käsemöhre 16
Kerniger Obstsalat 18
Kirschsauce 37
Knuspermüsli 14
Kraftschnitten 18
Kuchen zum Sattessen 46

M-M-Sauce 57
Minzlimo 16
Möhren:
Flädle-Rüblisuppe 23
Käsemöhre 16
Putengeschnetzeltes mit Möhren 33
Rübli-Apfel-Kuchen 19

Nußdip 42

Obst:
Häppchen mit Obst 15
Joghurt-Obstspeise 60
Kerniger Obstsalat 18
Obstauflauf 34

Pflaumenmus 36
Polenta 56
Polentagratin 30
Porridge 59
Putengeschnetzeltes mit Möhren 33

Quark: Süßer Dippquark 19
Quarknockerln mit Kirschsauce 37
Quarkplätzchen mit Pflaumenmus 36

Reis: Gebratener Reis 32
Rübli-Apfel-Kuchen 19

Sahniges Kartoffelpüree 28
Schokoladendip 42
Spaghettitörtchen 45
Spieße Kunterbunt 25
Spinatspätzle (Variante) 28
Süße Minipizzen 44
Süßer Dippquark 19

Tee 58
Tigerkartoffeln 26
Tomaten:
Frische Tomatensauce 29
Tomatenreis 56
Tomatensuppe 22

Wokgemüse 57

Zebrabrot 16
Zucchini-Kartoffelpuffer 26
Zucchinilasagne 20
Zwergenschnitzel 24

Sachregister

Allergien 53
Amaranth (Tip) 14

Ballaststoffe 8
Bettnässen 51
Bioaktive Substanzen 9

Dekoration 40
Durchfall 54

Eiweiß 6
Entwicklung 39f.
Erbrechen 54
Eßerziehung 20, 39
Eßstörungen 54

Faserstoffe (Tip) 59
Fast-Food 40
Feste 41
Feste Mahlzeiten 12
Fett 6, 11
Fieber 54
Fleisch 11
Flüssigkeit 7, 51
Flüssigkeitszufuhr (Tip) 58
»Fresser« 52

Gemüse 11
Geriebener Apfel (Tip) 58
Gesunde Ernährung 5
Getränke 11
Getreide (Tip) 15
Gewicht 5
Gewichtskurve (Grafik) 5

Haferflocken (Tip) 59
Hyperaktivität 53
Hypercholesterinämie 53

Kalorienverteilung 12
Kartoffeln 11
Kindergarten 13
Kochen für die Familie 21
Kohlenhydrate 7

Lebensmittelverteilung (Grafik) 6

Milch 10
Mineralstoffe 9

Nahrungsbausteine 6
Neurodermitis 53
Nuckeln 50

Obst 11

Riten 38

Suppenkasper 52
Süßigkeiten 51

Tischmanieren 21
Trinken 51

Unverträglichkeiten 53

Verstopfung 54
Vitamine 8
Vollkornbrot 11